Sylvia Rosenkranz-Hirschhäuser

Tipps und Tricks für junge Lehrer – Primarstufe

Was man gerne früher gewusst hätte

AOL verlag

Dank aussprechen möchte ich meinem, inzwischen leider verstorbenen, damaligen Schulleiter Reinhard Battenfeld, der mit seiner Integrität und Toleranz gegenüber Schülern, Kolleginnen und Eltern die Wörsdorfer Grundschule so führte, dass wir über Jahre in angenehmer Atmosphäre, engagiert und mit positiven Gefühlen, Lehrerinnen sein konnten.

Danken möchte ich auch meiner ehemaligen Kollegin Petra Gorka,
die mir aktuelle Informationen zu diesem Buch lieferte.

Hinweis
Da die überwiegende Anzahl der Grundschullehrer heutzutage weiblich ist, verwenden wir in diesem Buch durchgehend die feminine Form. Männliche Grundschullehrer sind selbstverständlich immer mit gemeint. Schüler und weitere Personengruppen (Elternvertreter, Klassensprecher, etc.) sind hingegen in der männlichen Form gehalten, hier sind selbstverständlich immer auch die weiblichen Formen mit gemeint.

Impressum

Tipps und Tricks für junge Lehrer – Primarstufe

Sylvia Rosenkranz-Hirschhäuser
arbeitete viele Jahre als Grundschullehrerin und publizierte nebenbei pädagogische Fachartikel, Schultheaterstücke, Unterrichtsmaterialien sowie ein Kinderbuch in verschiedenen Fachverlagen. Heute arbeitet sie als freie Autorin und publiziert Sachbücher, Belletristik und Reiseberichte, außerdem beschäftigt sie sich mit Fotografie.
www.rosenkranz-hirschhaeuser.de

1. Auflage 2015

Veritaskai 3 · 21079 Hamburg
Fon (040) 32 50 83-060 · Fax (040) 32 50 83-050
info@aol-verlag.de · www.aol-verlag.de

Redaktion: Małgorzata Sidorowicz
Layout/Satz: Satzpunkt Ursula Ewert GmbH, Bayreuth
Illustrationen: Scott Krausen
Fotos: Sylvia Rosenkranz-Hirschhäuser
Coverfoto: Junge Lehrer © contrastwerkstatt - Fotolia.com

ISBN: 978-3-403-10318-9
Printed in Germany

Inhalt

1 Einleitung

Grundschullehrerin werden wollen und sein

Sich bewusst und gerne für den Beruf der Grundschullehrerin zu entscheiden, ist eine gute Voraussetzung, die Berufstätigkeit mit Freude auszuüben. Nicht alle, die Lehrerin sind, haben den Beruf aus Überzeugung gewählt. Manche ergriffen ihn mangels Alternativen, manche ergriffen ihn aufgrund pragmatischer Überlegungen der Beamten- bzw. vermeintlicher Arbeitszeitvorteile.
Die geistige, emotionale und körperliche Entwicklung von Kindern im Alter von sechs bis zehn Jahren mitzuerleben und sie dabei bestmöglich zu fördern, ist eine herausfordernde Aufgabe und kann eine persönliche Bereicherung sein, die mit einer persönlichen Entwicklung einhergeht.

Dass Sechsjährige zur Schule kommen und weder einen Buchstaben noch eine Zahl kennen und Zehnjährige nach dem vierten Schuljahr teilweise sechs Seiten mit einer Geschichte vollschreiben und bis zu einer Million rechnen können, ist immer wieder faszinierend zu beobachten. Die menschliche Entwicklung in dieser Altersstufe weckt Bewunderung, ja Hochachtung vor dem kindlichen Reifungsprozess.

Kinder in dieser Lebensphase als Lehrerin begleiten zu dürfen, bereitet nicht nur Freude, sondern eröffnet einem auch selbst viele Möglichkeiten zu lernen und zu verstehen. Kleinen Menschen zu helfen, eine stabile Position in unserer diffizilen Gesellschaft zu erreichen, sie in ihrer Persönlichkeit zu stärken, sie zu unterstützen, sodass sie Wissen sammeln und konstruktiv anwenden können, sind Gründe, den Lehrerberuf an jedem Tag als etwas Sinnvolles und Notwendiges zu sehen und wichtig zu nehmen.

Kreativ sein zu können, ja, nicht kreativ genug sein zu können, ist ein weiterer Grund, als Lehrerin engagiert zu arbeiten.

Unser Schulsystem hat in unserer Gesellschaft einen zuweilen miserablen Ruf und ist fortwährender, stets wechselnder und häufig berechtigter Kritik ausgesetzt. Ständig neue Veränderungen, neue Regeln, neue Richtlinien, die umgesetzt werden sollen, oftmals ohne hinreichende, überzeugende Begründung, kosten Zeit und Energie, die dem eigentlichen Unterrichten, der Arbeit mit den Kindern, entzogen wird.

Mit meinem Buch möchte ich dazu beitragen, dass Sie den Beruf der Grundschullehrerin positiv, konstruktiv und erfolgreich ausüben können. Praktische Hilfe fehlt oft im Schulalltag. Theoretische Kenntnisse zu Methodik und Didaktik stellen zwar ein notwendiges Fundament im Lehrerberuf dar, sie beeinflussen jedoch die tägliche Schulpraxis nur gering. Im Unterricht sowie im persönlichen Umgang mit Schülern, Kolleginnen und Eltern helfen sie kaum weiter.
Hier fühlen sich angehende und tätige Lehrerinnen häufig alleingelassen. An dieser Stelle möchte ich ansetzen: mit Anregungen, Ideen und Materialien, die helfen, den Schulalltag motivationsstark und abwechslungsreich zu gestalten.

Schüler in der Primarstufe zu unterrichten bedeutet, anders zu unterrichten als in höheren Schulstufen.

Grundlegende pädagogische Prinzipien sind gleich bzw. sehr ähnlich, wie Sie in Kapitel 2 sehen werden. Unterrichtsinhalte, -schwerpunkte und -methoden unterscheiden sich dem Alter der Kinder und ihrem Entwicklungsstand entsprechend dagegen stark von denen der weiterführenden Schulstufen.

Sich für das Lehramt an Grundschulen zu entscheiden bedeutet in der Regel, mit folgenden positiven Berufsbedingungen arbeiten zu können:

- Die Kinder zwischen sechs und zehn Jahren sind äußerst motiviert und zeigen Interesse an ihrem persönlichen Leistungszuwachs.
- Die Kinder bewältigen enorme Entwicklungsschritte in den vier Grundschuljahren, die täglich sichtbar sind.
- Die Kinder möchten die Kulturtechniken des Lesens, Schreibens und Rechnens fast ausnahmslos freudig erlernen und sind stolz auf das Erlernte.
- Die Kinder nehmen der Lehrerin gegenüber ein positives, vertrauensvoll-freundschaftliches Verhältnis ein.

- Die Eltern von Grundschulkindern sind überwiegend interessiert am Schulleben ihres Kindes und stehen vielfach einer Mitarbeit an Klassen- und Schulprojekten aufgeschlossen gegenüber.

Die genannten Kriterien sind selbstverständlich standort- und schulbedingt differenziert zu betrachten.
In sozialen Brennpunktschulen werden häufig andere Bedingungen an die Arbeit der Lehrerinnen gestellt. Hier muss Interesse geweckt, Schulfähigkeit entwickelt und Vertrauen geschaffen werden. Weitaus schwieriger gestaltet sich auch vielfach die Elternarbeit: Kontakte müssen oft erzwungen, Familienbetreuung organisiert und Fördermaßnahmen eingeleitet werden.

Noch etwas Wichtiges: Wenn Sie bei der Lektüre dieses Buches ein Kapitel zum Thema „Inklusion“ vermissen, so hat dies seinen Grund. Das Thema ist zu umfassend, tiefgreifend und diskussionswürdig, als dass es an dieser Stelle in ein Kapitel passen würde. Dem Thema „Inklusion“ sollte mehr Raum gewidmet werden. Ich bin eine kritische Betrachterin des gegenwärtigen Inklusionseifers und sehe großen Handlungsbedarf in einer sinnvollen Auseinandersetzung mit dem Thema, vor allem unter Einbeziehung der praktischen Erfahrung aller betroffenen Lehrerinnen.

Dieses Buch will Sie bestärken und Ihnen Mut machen.
Ich wünsche Ihnen viel Freude an Ihrem Beruf!

Jetzt kann es losgehen!
SCHULE

2 Pädagogische Prinzipien

Kinder, die eingeschult werden, haben – bis auf die Erzählungen älterer Geschwister – keine Erfahrungen mit Lehrerinnen. Sie begegnen ihnen erwartungsvoll, neugierig und unvoreingenommen. Das ist eine große Chance für Sie als Lehrerin, ein gegenseitiges Verhältnis des **Vertrauens**, der **Achtung** und **Wertschätzung** aufzubauen.

Mit beidseitigem **Respekt** und gelebter **Disziplin**, die **Regeln** mit einschließt, werden Sie gerade in der Grundschule nicht nur eine Vorbildrolle für Ihre Schüler einnehmen können, sondern auch Voraussetzungen für eine positive Umsetzung Ihrer Lehrerinnenrolle schaffen. Kinder mögen ihre Lehrerinnen, wenn sie sich angenommen fühlen.
Eine der wichtigsten pädagogischen Maßnahmen ist das **Lob**. Lob gehört zu dem elementaren Verhaltenskodex, der Kinder stärkt und motiviert. Vor dem Lob steht die **Wahrnehmung**. Ohne die Wahrnehmung von der Leistung und dem Verhalten Ihrer Schüler können Sie nicht entsprechend reagieren.

Die Lehrerin, die **Sicherheit**, **Klarheit**, aber auch **Ruhe** und **Gelassenheit** ausstrahlt, die **Geduld** aufbringt, die den **Überblick** und **Ordnung** in allen Schulsituationen behält, die grundsätzlich wohlwollend und vertrauensbildend mit ihren Schülern umgeht, gepaart mit **Konsequenz** im Verhalten, wird von ihren Schülern geschätzt und ihre Arbeit wird honoriert werden.
Die Entwicklung und Förderung der **Selbstständigkeit** sowie das Übernehmen von **Verantwortung** für das eigene Verhalten und Handeln sind übergeordnete Lernziele im Grundschulalter, die Sie immer als Arbeitsauftrag mit sich tragen sollten.

Als Lehrerin sind Sie Bezugsperson, die Werte vermittelt, indem sie **Selbstbewusstsein** stärkt und **Orientierung** gibt. Versuchen Sie, diese Grundwerte in Ihrer Grundeinstellung und Grundhaltung Schülern gegenüber zu verinnerlichen. Je selbstverständlicher Sie mit diesen Prinzipien vertraut sind und umgehen, desto mehr Wertschätzung werden Sie als Lehrerin erfahren und Leistungserfolge Ihrer Schüler erzielen.
Im Folgenden möchte ich Ihnen die einzelnen Wertbegriffe noch konkreter machen, damit Ihnen Situationen deutlich werden, in denen sie wirken.

2.1 Wertschätzung und Lob geben

Wertschätzung gehört zum allgemein menschlichen Verhalten untereinander. Sie zeigt sich überall.
In der Schule sind das Situationen, in denen Lehrerinnen gegenüber Schülern agieren, Schüler gegenüber Lehrerinnen, Lehrerinnen gegenüber Eltern, Eltern gegenüber Lehrerinnen, Lehrerinnen gegenüber Lehrerinnen – Wertschätzung ist eine Grundhaltung, die den Umgang miteinander prägt.

Wenn Sie als Lehrerin Ihre Schüler wertschätzen, spüren das die Schüler. Gegenseitige Wertschätzung wirkt sich auf Ihre pädagogische Arbeit aus, Sie werden leichter akzeptiert und wenn Schüler sich angenommen fühlen, nehmen sie Wissen und Informationen interessierter auf. Wertschätzung zeigt sich manchmal in ganz kleinen Gesten wie wohlwollendem Zunicken, einem Schulterklopfen, einem ermunternden Blick.

Wertschätzung drückt sich vor allem auch in Lob aus. Sie können Ihre Schüler nicht genug loben.

„Das war prima.“ „Das hast du gut gemacht.“
„Das gefällt mir.“ „Du warst sehr fleißig.“

Das sind nur ein paar Beispiele. Ob mündlich im Gespräch oder schriftlich unter einen Text oder eine Rechenaufgabe – Sie motivieren die Kinder damit. Sie machen sie stolz und das wiederum fördert Leistungsbereitschaft. Die Kinder fühlen sich in ihrem Tun bestärkt und arbeiten gerne.

☑ Tipp

Kleben Sie bunte Sticker unter eine schriftliche Arbeit oder malen Sie ein Herzchen oder einen Smiley – Grundschulkinder freuen sich darüber.

Hinweis

Loben Sie vor allem auch schwache Schüler. Individuelle positive Verstärkung hilft bei Verweigerung, bei mangelndem Selbstwertgefühl und fehlendem Zutrauen. Sie hilft nicht immer, aber oft. Fangen Sie bei schwachen Schülern da an zu loben, wo Sie sehen, der Schüler strengt sich an.

Ein schwacher Schüler, der nicht alle zehn, aber immerhin drei Wörter richtig geschrieben hat, freut sich über ein Lob für die drei richtig geschriebenen Wörter. Er gibt sich Mühe, wieder Wörter richtig zu schreiben. Manche Kinder müssen erst lernen, gelobt zu werden und das auch anzunehmen, da sie es von zu Hause nicht kennen.

2.2 Vertrauen aufbauen und pflegen

Der Begriff „vertrauensvolle Zusammenarbeit" ist uns aus der Arbeitswelt bekannt. Er passt auch in die Schule. Vertrauen die Schüler ihrer Lehrerin, vergrößert das ihre Lernbereitschaft. Wenn sie wissen, die Lehrerin meint es gut mit ihnen, bringen sie dem Unterrichtsgeschehen mehr Interesse entgegen. Ablehnung gegenüber der Lehrerin weckt häufig Abwehr gegenüber dem Unterrichtsinhalt.

Sie legen als Grundschullehrerin den Grundstein zu einem vertrauensvollen Schülerverhältnis. Nehmen Sie die Chance wahr, den Kindern zu zeigen, dass Sie ihnen vorbehaltlos vertrauen, sagen Sie das auch im Kontakt mit ihnen: „Du kannst das" oder „Ich weiß, dass du das gut machst" gibt Kindern Mut und Stärke. Es gibt im Laufe der Grundschuljahre viele Situationen, in denen Schüler in ihrer Lernentwicklung Unterstützung und Ermunterung brauchen, dass sie sich etwas zutrauen (beispielsweise im Sportunterricht oder bei Theaterrollen). Seien Sie die hilfreiche Stütze.

Wenn die Schüler großes Vertrauen zu Ihnen haben, vermeiden sie Lügen und Ausflüchte in Geschichten. Sie können ehrlich sein, da sie keine Angst vor Ihrer Reaktion haben. Vertrauen baut Ängste ab. Das ist ein ganz wichtiger Grundsatz für ein gutes Schüler-Lehrerinnen-Verhältnis.

2.3 Respekt und Achtung zeigen

Respekt und Achtung sind Basiswerte des menschlichen Miteinanders. Ich verstehe Sie als ethischen und moralischen Verhaltenskodex, der als Selbstverständlichkeit gelten sollte.

Als Primarstufenlehrerin ist der Vorbildcharakter immer ein unsichtbarer Begleiter. Grundschüler lernen nicht „nur“ Rechnen, Lesen und Schreiben, sie lernen auch soziales Verhalten. Sie beobachten, imitieren, bewusst und unbewusst. Begegnet ihnen die Lehrerin respektvoll, betrachtet sie sie als ernstzunehmende Persönlichkeiten, werden die meisten Schüler dies erwidern.

Schulanfänger haben bereits eine sechsjährige Sozialisation hinter sich, bei der nicht immer Respekt und Achtung vermittelt wurden. Oft agieren Sie als Primarstufenlehrerin nicht verstärkend oder parallel zur Elternerziehung, sondern different oder konträr. Machen Sie sich diese Unterschiede bewusst.

☑ Tipp

Betrachten Sie es als Ihre Aufgabe, Ihre Schüler zu gegenseitiger Achtung und gegenseitigem Respekt zu erziehen. Gerade in Konflikt- und Streitsituationen der Kinder untereinander haben Sie als Lehrkraft Möglichkeiten, auf Schülerverhalten einzuwirken. Sie können für eine Streitkultur eintreten, die respektvollen Umgang miteinander voraussetzt.

Sprechen Sie die Schüler in Streitsituationen an, indem Sie eingreifen und den Streitenden ihr jeweiliges Verhalten klarmachen bzw. vor Augen führen: „Du hast eben einen anderen Schüler sehr verletzt (ihm Unrecht getan, ihm weh getan, ihn beleidigt, ihn beschämt ...).“

Grundschüler können in einem Streit durchaus reflektieren, wenn man ihnen ihr eigenes Verhalten verdeutlicht. Fragen Sie die Kinder: „Wie ist es, wenn dir das passiert?“, „Wie ist es, wenn dir jemand so wehtut, wie du es gerade getan hast?“ oder „Hast du schon mal darüber nachgedacht, wie es dir gehen würde, wenn ein anderer zu dir ... (Schimpfworte) sagt?“ Kinder können aus solchen Gesprächen lernen. Aggressionen liegen oft tiefer, entstehen durch Kontrollschwächen und können nicht immer mit Worten angegangen werden, doch können durch die Verdeutlichung von persönlichem Fehlverhalten Verhaltensänderungen entstehen, indem sich die Schüler ihrer Streitkultur bewusst werden.

2.4 Orientierung und Struktur geben

Kinder reifen durch Beobachtung, durch Nachahmung, durch Fragen und Antworten, durch Übung, durch Lernprozesse, die von Ihnen als Lehrerin angestoßen werden.
Je konstanter und klarer der Rahmen ist, in dem die Lernprozesse stattfinden, umso einfacher und leichter ist es für Kinder, sich im Reifeprozess zurechtzufinden, d.h. ihn äußerlich anzunehmen, um ihn innerlich umzusetzen.
Als Primarstufenlehrerin sollten Sie immer den Entwicklungsstand Ihrer Schüler berücksichtigen. Für uns Erwachsene wirkende Selbstverständlichkeiten sind das für Grundschulkinder noch lange nicht.
Seien Sie ausgeglichen, ehrlich, gleichbleibend zugewandt, auch wenn es manchmal und vor allem nach Enttäuschungen schwerfällt. Schüler in diesem Alter orientieren sich an ihrer Lehrerin und suchen Halt und Klarheit, die zu Sicherheit führt, die wiederum zu Eigenständigkeit führt.
Geben Sie Ihren Schülern durch Ihr Verhalten eine Struktur, die ihnen vermittelt: „Ich weiß, wie ich mich zu verhalten habe. Ich lerne, indem ich dies oder das tue und indem ich das so oder so mache."
Erklären Sie Ihren Schülern, warum sie sich gemäß der Aufgaben verhalten sollen. Umso mehr Erklärungen Sie zu den Aufgaben geben und Begründungen liefern, warum die Aufgaben zu erfüllen sind, desto einfacher können die Kinder verstehen und Verständnis führt zu mehr Motivation und Erfolg.
Je aufgehobener sich Kinder fühlen und je zuverlässiger ihnen begegnet wird, desto bereitwilliger und interessierter werden sie sich den Anforderungen und Aufgaben stellen.

2.5 Ruhe, Gelassenheit und Geduld bewahren

Ruhe, Gelassenheit und Geduld werden Sie in Ihrem Lehrerinnenleben täglich praktizieren. Ohne diese drei Lehrerinnentugenden geht Schule nicht.

Grundschulkinder brauchen ruhige Lehrerinnen, die mit Geduld erklären (vielfach und immer wieder) und mit Geduld korrigieren (vielfach und immer wieder). Die unterschiedlichen kindlichen Temperamente und die großen Differenzen im Arbeitstempo verlangen geduldigen Umgang mit jedem einzelnen Schüler.
Sei es bei sich wiederholenden Streitsituationen, bei wiederkehrenden Unterrichtsstörungen, bei ständigem, vorlautem In-die-Klasse-Rufen, bei permanent kritisierenden Eltern – ohne Gelassenheit werden Sie zum einen keine dauerhaften Lernerfolge erzielen und zum anderen unter Stresssymptomen zu leiden beginnen.

Hinweis

Sich bewusst Gelassenheit und Geduld anzutrainieren, wird dann nötig, wenn Sie vom Typ her zu Ungeduld und Hektik neigen. Leistungserfolge stellen sich leichter ein, wenn Sie lernen, sich und den Kindern angemessen viel Zeit zu geben. Schüler spüren, wenn Sie Ruhe und Gelassenheit ausstrahlen. So wecken Sie Vertrauen und bilden Stabilität.

2.6 Disziplin (Strafen) sowie Regeln einführen und etablieren

Regeln, Disziplin, Strafen – unter diesen pädagogischen Maßnahmen gibt es eine riesengroße Spannbreite von Deutungsformen, Auslegungen, praktischen Anwendungen und Erfolgsquoten. Die eine Lehrerin schwört auf die Disziplinforderung, die andere auf eine andere und die dritte auf keine.
So ist es auch mit Regeln und Strafen.

Entscheidend bei den Disziplinforderungen ist die Persönlichkeit der Lehrerin gepaart mit der individuellen Lehrerfahrung. Viele Anfängerdisziplinmaßnahmen werden im Laufe der Zeit überflüssig, weil Sie erkennen werden, dass es auch ohne aufwendige Disziplinierungsregeln geht.

Hinweis

So banal es klingt, aber der ernste (strenge) Blick wirkt meist mehr als aufwendige Regelsysteme, die Sternchen oder ähnliche Belohnungszeichen vergeben oder verweigern. Wenn die Schüler Sie als Lehrerin akzeptieren, werden Sie mit Blicken viel erreichen können. Das bedeutet nicht, dass Sie als strenge Lehrerin „verrufen" sind. Es bedeutet aber, dass Sie zeitsparend und effektiv arbeiten können. Ein fokussierter Blick, der den Schüler zu Aufmerksamkeit oder einem (berechtigten) schlechten Gewissen führt, erspart Aufwand und ist weniger unterrichtsunterbrechend als das Verteilen von Sternchen.

Zu Beginn meiner Lehrtätigkeit habe ich auch mit Belohnungssystemen gearbeitet. Zum einen, weil sie als pädagogisch erfolgreich propagiert werden, und zum anderen, weil sie mir zunächst sinnvoll erschienen. Bis ich merkte, dass endlos viel Zeit mit Entscheidungen, Klärungen, Besprechungen sowie Eintragungen vergeht und zusätzlich der Effekt verpufft. Die Schüler verhalten sich ihrem Typ/Charakter gemäß und reagieren nur bedingt auf Belohnungs- und Strafmethoden. Ein Gespräch zur Selbstreflexion, um Selbstkritikfähigkeit zu erlernen, trägt mehr zu dauerhaften Verhaltensänderungen bei.

Sie werden als Lehrerin einer Schule eine Schulordnung befolgen und sie den Schülern erklären. Darin sind Pausenregeln, Stundenzeiten und vieles mehr enthalten, deren Umsetzung im Schulalltag so selbstverständlich ist, dass es kaum eines genaueren Hinsehens bedarf.
Anders ist es beim Erstellen von Klassenregeln und, falls Sie Sport unterrichten, Regeln im Sportunterricht, da Sie sowohl für Ihre Klasse als auch als Sportlehrerin diese Regeln selbst aufstellen und auf ihre Einhaltung achten.

Viel hängt davon ab, wie Sie als Person auf die Schüler Einfluss haben: Je mehr Akzeptanz Sie unter den Schülern genießen, umso weniger Regeln sind nötig bzw. umso weniger Schüler werden Ihre Regeln verletzen.
Sie werden schnell feststellen, dass die meisten Ihrer Schüler keine oder kaum Regelverstöße begehen und immer wieder dieselben Schüler damit zu tun haben. Bei Verhaltensauffälligkeiten, die sich in häufigen Regelverletzungen zeigen, liegen die Ursachen vielfach so tief, dass sie mit Strafmaßnahmen nur unzulänglich verändert werden können. In solchen Fällen bedarf es intensiver Ursachenforschung in Gesprächen mit Schülern, mit ihren Eltern und gegebenenfalls sollten therapeutische Unterstützungsangebote folgen.

Klassenregeln

Klassenregeln sollten einem geordneten Klassenverband dienen und damit den Schülern zu sowohl sozialem Miteinander als auch strukturiertem Arbeitsverhalten verhelfen.
Grundregeln sind solche, die Konflikte, Streitigkeiten und Unterrichtsstörungen vermeiden helfen. Um diese zu etablieren, braucht es von Ihnen einen langen Atem und immer wieder Gespräche darüber. Regeln verhindern aber nur begrenzt Störungen und Streitereien. Aber schon das Erinnern an die Regeln, die gut sichtbar in der Klasse ausgehängt sein sollten, zeigt Wirkung. Am besten Sie hängen die Regeln ab dem zweiten Schuljahr, wenn möglich von den Schülern selbst geschrieben, sichtbar in der Klasse auf.

Tipp

Ein paar Beispiele für Regeln, die sich als sehr nützlich bewährt haben:

- „Bitte aufhören!“ Wenn sich Streit anbahnt, gerade auch körperliche Attacken mit Verletzungsgefahr, sollen die Schüler die Zauberworte „Bitte aufhören!“ sagen. Der, an den die Worte gerichtet sind, soll unter allen Umständen reagieren und aufhören, sei es mit Treten, Schlagen, Boxen etc.
  Im Konfliktfall habe ich immer gefragt: „Hast du auch das Zauberwort gesagt?“ Wenn die Antwort „Ja!“ war und das war sie, je erfolgreicher und konsequenter die Worte eingesetzt wurden, konnte ich als Lehrerin besser eingreifen und schlichten.
- Nach einer Schlichtung schloss sich in meiner Klasse eine weitere Grundregel an: „Sich die Hände geben und sich dabei entschuldigen.“ Das Handgeben löst Spannungen, erleichtert das Aufeinanderzugehen und das Vergeben.
- Zur Unterrichtssituation gehört die Regel, kurz und prägnant aufgeschrieben: „Nicht in die Klasse rufen, sondern sich melden.“ Einfach zu verstehen, für manche Schüler aber sehr schwer einzuhalten, für einige gar nicht.
- Einen Klassenregelsatz zum Thema „Ordnung halten am Arbeitsplatz“ hält Schüler zur Selbstkontrolle an, auch wenn er nur an der Wand hängt.
- Grundsätzlich gilt: Weisen Sie in der aktuellen Situation auf die Regelverletzung hin.

Strafen

Zu den Regeln gehören die Strafen, besser Maßnahmen, Ahndungen gegen Regelverletzungen.

In der pädagogischen Konzeptlandschaft finden Sie dazu viele Vorschläge und Möglichkeiten. Suchen Sie sich zum einen die aus, die Ihnen am ehesten liegen, und zum anderen die, die sich als sinnvoll erwiesen haben. Auch hier sammeln Sie mit der Zeit Erfahrungen, die Sie in der Anwendung sicherer werden lassen.

Typische „Straffälle" in unterschiedlicher Schwere sind beispielsweise:

- soziale Verfehlungen: Gewalttätigkeit mit Körperverletzung, verbale Beleidigungen, Lügen, …
- Unterrichtsstörungen: in die Klasse rufen, motorische Unruhe, Reden mit dem Nachbarn, …
- Ordnungsmängel: Utensilien für den Unterricht vergessen, Hausaufgaben vergessen, Berichtigung vergessen, …

Die Strafmaßnahmenpalette erstreckt sich von dem Klassiker, den Schüler aus der Klasse zu schicken (vor die Tür stellen), über das Schicken in die Parallelklasse oder zur Schulleitung bis hin zum Nachsitzenlassen, Strafarbeiten aufgeben, an einen Einzeltisch setzen und Elterngespräche führen. Allen aufgezählten Maßnahmen voranstellen sollten Sie den festen Blick, die verbale Ermahnung und das ernste Gespräch mit dem Schüler.

Von den genannten Strafen halte ich meiner Erfahrung nach unter Umständen einen Einzeltisch (vorübergehend) für effektiv und bei gravierenden Regelverstößen den Gang zur Schulleitung. Bei wiederholten Verfehlungen setzen Sie ein Elterngespräch an, um gemeinsam nach Lösungen zu suchen. Fehlende Hausaufgaben sollten nachgeholt werden.

Hinweis

Einen Schüler aus der Klasse zu schicken bedeutet, dass er ohne Aufsicht ist und den Unterricht verpasst. Zweckfreie Strafarbeiten demotivieren Schüler und erzeugen eher Abwehr und Aggression, als dass sie Verhalten positiv verändern.

2.7 Sicherheit und Konsequenz vermitteln

Mit Sicherheit und Konsequenz unterstützen Sie Ihre Schüler sowohl in kognitiven als auch in sozialen Lernprozessen. Zur Sicherheit gehört eine angstfreie, vertrauensvolle Atmosphäre. Schüler sollten zu Ihnen kommen können und Ihnen ihr Herz ausschütten, wenn sie ein Problem haben, sie sollten von Ihnen Hilfe erwarten dürfen. Sie sollen mit dem Gefühl zu Ihnen kommen können: „Wenn ich etwas nicht weiß oder nicht verstanden habe, kann ich meine Lehrerin fragen. Sie erklärt mir dann, was ich nicht verstanden habe, ohne dass sie mit mir schimpft. Ich brauche keine Angst zu haben."

Sicherheit bedeutet auch, dass die Schüler wissen, was sie erwartet. Dass sie Ihre Reaktion kennen, die sie durch Ihr konsequentes Verhalten gewohnt sind. Konsequenz bringt Akzeptanz. Wenn ich als Schüler dies oder das tue, reagiert die Lehrerin so – deshalb unterlasse ich dieses oder jenes, weil ich weiß, das bringt Ärger. Strafen sollten, wenn sie angedroht sind, auch ausgesprochen werden. Nur Androhen ohne anschließende Konsequenzen schadet dem Schülervertrauen. Dann vermeiden Sie lieber eine Androhung; sagen Sie dem Schüler einfach, dass er sich falsch verhalten hat.

Unterschiedliche Reaktionen – einmal Nachsicht, einmal Strenge – müssen gut austariert sein und für die Schüler nachvollziehbar. Ihr Gerechtigkeitssinn ist stark ausgeprägt und oft sehr feinfühlig.

Sicherheit und Vertrauen leiden sonst unter den wechselnden Reaktionen der Lehrerin.

2.8 Wahrnehmung fördern

Wahrnehmung fördern – eine Prämisse, die für ein Lehrerinnenleben gilt, – immer und überall – ob gegenüber Mitschülern, Lehrerinnen, Dingen, Sachen oder Schulfächern.
Wird Wahrnehmung sensibilisiert, werden soziale Kompetenzen gefördert, z. B. Hilfsbereitschaft und Teamgeist, es kann Interesse geweckt werden an Themen, die zuvor den Schülern nicht zugänglich waren, es können Dinge entdeckt werden, die vorher nicht wichtig waren.
Wahrnehmung sich selbst gegenüber heißt, dann selbstkritisch sein können, seine Stärken und Schwächen erkennen und einschätzen lernen.
Im Grundschulalter heißt Wahrnehmung fördern, alle Sinne entwickeln und schärfen. Im Grunde trifft das auf alle kognitiven, emotionalen sowie kreativ-musischen Kompetenzen zu. Die Wahrnehmung zu fördern ist ein Lehrerauftrag, der jeden Unterricht begleitet.

2.9 Selbstständigkeit und Selbstbewusstsein fördern

Ähnlich wie mit der Wahrnehmung verhält es sich mit der Selbstständigkeit und dem Selbstbewusstsein. Auch sie sind durchgängige pädagogisch-psychologische Lernziele, die fächerübergreifend als Aufgabe der Lehrerin gelten. Mit Förderung von Selbstständigkeit und Selbstbewusstsein formen und stärken Sie die Persönlichkeit der Grundschulkinder.
In vielen schulalltäglichen Kleinigkeiten können Sie an den Lernzielen arbeiten, indem Sie die Schüler möglichst viel selbst tun lassen. Es ist immer wieder erstaunlich, was Grundschüler eigenständig leisten, wenn Sie es als Lehrerin zulassen. Das ist auch eine Frage des Vertrauens, die darauf fußt, dass Sie Ihren Schülern etwas zutrauen und ihnen vertrauen.

Hinweis

Verzichten Sie beim selbstständigen Tun Ihrer Schüler auf Perfektionismus. Haben Sie Geduld. Sie werden dafür mit stolzen, selbstbewussten und eigenständigen Schülern belohnt.
Vielleicht bekommen Sie sogar ein anerkennendes Wort der Eltern: „Was die alles bei Ihnen machen können …". Meist zeigen sich die Erfolge des Selbstständigwerdens in der Vorbereitung und Durchführung von Klassenfeiern, bei denen Sie selbst staunen werden, wie eigenständig und ideenreich Ihre Schüler dabei tätig sind – wenn Sie es zulassen.

2.10 Verantwortung übernehmen und abgeben

Wenn Sie als Lehrerin Verantwortung übertragen, setzt es Selbstständigkeit und Selbstbewusstsein voraus, dass Verantwortung übernommen werden kann. Ebenso setzt es Vertrauen voraus, das Sie in die Schüler haben.
Selbstbewussten, selbstständigen Schülern können Sie Verantwortung übergeben, sie sind bereit, diese zu übernehmen. Unselbstständige Kinder trauen sich weniger zu.
Voraussetzung ist auch hier ein wechselseitiges Vertrauensverhältnis. Angst vor Ihrer Reaktion und strengen Strafen können zu Unsicherheit und mangelndem Selbstbewusstsein führen.

Klassendienst

Die Einrichtung eines „Klassendienstes", der aus einem „Tafeldienst", „Ordnungsdienst" und einem „Blumendienst" besteht, trägt dazu bei, dass die Kinder organisatorisch mitdenken und mitarbeiten. Auch hier zahlt sich eine konsequente Planung und Durchführung aus. Jeweils zwei Schüler (am besten alphabetisch nach Klassenliste) übernehmen wochenweise den Dienst. Sie sollten schon gleich zu Beginn der Schulzeit in der ersten Klasse den Klassendienst einführen. Da die meisten Schüler zu der Zeit noch nicht lesen können, malen Sie drei Schilder mit entsprechenden Symbolen, hängen diese an die Pinnwand der Klasse und schreiben darunter jeweils die Namen der Schüler, die Dienst haben.

Auch bei Gruppenarbeiten, bei gemeinsamen Referaten und Präsentationen sowie bei der Gestaltung und Durchführung von Klassenfeiern werden Sie die gesteigerte Verantwortungsbereitschaft der Kinder erfahren.

Insgesamt jonglieren Sie als Lehrerin mit vielen Erziehungszielen gleichzeitig, die eng miteinander verknüpft sind. Insofern trifft auf Sie ein hoher Verantwortungsgrad zu, den Sie übernehmen bzw. der Ihnen übertragen wird. Die pädagogischen Leitsätze und Prinzipien werden Sie als Grundwerte Ihr ganzes Berufsleben lang begleiten.

☑ Tipp

Wenn Sie sich mehr mit sozialpsychologischen Themen und der Persönlichkeitsentwicklung von Kindern beschäftigen möchten, um sich ein fundiertes Hintergrundwissen für Ihre pädagogische Arbeit anzueignen, empfehle ich Auszüge aus dem Buch „Resilienz“ von Christina Berndt. Sie schreibt in dem Kapitel „Wie man Kinder stark macht“ von der psychischen Widerstandkraft, die es bei Kindern zu entwickeln gilt, damit sie lebenstüchtige Menschen werden können. Diese psychologische Stärke zu fördern ist ein permanenter Auftrag im Schulalltag, der in den Curricula der Primarstufe zu wenig Erwähnung findet.

Literaturtipps

- Plieninger, Martin; Schumacher, Eva (Hrsgg.) (2007): Auf den Anfang kommt es an – Bildung und Erziehung im Kindergarten und im Übergang zur Grundschule. Schwäbisch Gmünd: Gmünder Hochschulreihe, Nr. 27
- Berndt, Christina (2015): Resilienz. München: dtv.

3 Schulanfang

Der erste Schultag ist immer aufregend – sei es als Schüler, als Lehrerin oder als Elternteil.

3.1 Die Schule kennenlernen

Wenn Sie als Lehrerin an eine neue Schule kommen, ist die Orientierungslosigkeit häufig groß. In der Regel gilt, je kleiner die Schule bzw. je geringer die Schülerzahl, desto einfacher ist das Kennenlernen.

Es ist sinnvoll, vor dem Dienstantritt die Schule schon einmal zu besuchen. Am besten nicht nur die Schule, sondern auch den Ort, in dem sie liegt, den umgebenen Stadtteil, das Umfeld der Schule. Je mehr Informationen zu Ort und Schule bekannt sind, desto besser. Es dämmt ein wenig das Gefühl von Fremde und Unsicherheit ein. Zu den Informationen, die Sie gut im Vorfeld einholen können, gehören auch Kenntnisse über die Schülerzahl, die sozialen Hintergründe bzw. Sozialstruktur der Elternschaft.

Darüber zu reden ergibt sich meist in dem Erstgespräch mit dem/der Schulleiter/-in. Die Teilnahme an einer Konferenz oder einer Dienstversammlung ist eine gute Gelegenheit für Sie, das Kollegium kennenzulernen, bevor Sie an der Schule als Lehrkraft beginnen. Bei dieser Gelegenheit können Sie in Begleitung einer Kollegin oder der Schulleitung die Schulräume besichtigen und Folgendes nachfragen:

- Gebäudeplan
- Haus- und Schulordnung
- Organigramm der Zuständigkeiten
- Wer sind die Funktionsträger?
  - Stellvertretender Schulleiter
  - Personalratsvorsitzender
  - Sicherheitsbeauftragter
  - Beratungslehrerin
- Wann wird die Schule morgens geöffnet?
- Zeiten der Schulstunden (Klingelordnung)

- Komme ich mit meinem Schlüssel in alle Klassenzimmer?
- Telefonnummern und Adressen des Kollegiums
- Telefonnummer des Sekretariats und des Hausmeisters
- Wo finde ich die Informationen des Tages? Gibt es ein Schwarzes Brett?
- Wo sind Materialien für den Unterricht?
- Wie sind die Klassenräume ausgestattet?
- Wie ist der Computerraum ausgestattet?
- Wo finden Aufführungen und Feiern statt?
- Wo steht der Kopierer und wie wird das Kopieren gehandhabt (Kopierkontingente)?
- Wo steht das Laminiergerät?
- Wo stehen weitere technische Geräte wie CD-Player?

Hinweis

Sehr wichtige Ansprechpartner in einer Schule sind die Mitarbeiter des Sekretariats und der Hausmeister. Eine engagierte Sekretärin und ein ebensolcher Hausmeister können häufig helfen, viele Probleme schnell zu lösen.

Für die notwendigen Vorabinformationen ist es entscheidend, ob Sie als Referendarin, als Fachlehrerin oder als Klassenlehrerin in der Schule arbeiten werden:

- Welche Klasse werde ich unterrichten?
  (als Referendarin: In welcher Klasse werde ich mitarbeiten?)
  - Wie viele Kinder sind in der Klasse?
  - Wie ist die Sozialstruktur der Klasse?
  - Welche Lehrerin hatte die Klasse zuvor?
- Welche Fächer werde ich in welcher Klasse unterrichten?
- Wie ist mein Stundenplan?
- Mit welchen Kolleginnen arbeite ich in Parallelklassen?
- als Referendarin: Wann werde ich meine Mentorin kennenlernen?
- als Fachlehrerin: Kann ich die Fachräume mit den Unterrichtsmaterialien kennenlernen?
- als Klassenlehrerin: Kann ich den Klassenraum kennenlernen und ihn nach meinen pädagogischen Vorstellungen und Unterrichtsformen gestalten und einrichten?

Inwieweit Sie sich über einzelne Kinder informieren, kann ganz verschieden beurteilt werden. Viel über ein Kind zu wissen, kann (unbewusste) Vorurteile und manipulative Einschätzungen bei Ihnen auslösen. Es kann aber auch eine Hilfe im Umgang mit dem Kind sein. Wenn Sie wenig bzw. nichts über ein Kind wissen, sind Sie unvoreingenommen, bilden sich ein eigenes Urteil und verfallen keinen Kategorisierungen. Dabei können Sie aber auch wichtige Maßnahmen übersehen, zu denen Ihnen die Hintergrundinformationen fehlen.

Wenn Sie an der neuen Schule die Schulleitung, das Kollegium, die Sekretärinnen und den Hausmeister kennengelernt haben und mit den räumlichen Gegebenheiten vertraut sind, haben Sie als zukünftige Klassenlehrerin zu planen, nachzudenken und vorzubereiten.

3.2 Schulanfang als Klassenlehrerin

3.2.1 Vorbereitungen

Raumgestaltung

Übernehmen Sie als Klassenlehrerin ein zweites, drittes oder viertes Schuljahr, bleiben die Klassen oft in ihrem bereits bestehenden Klassenraum. Dann sind Ihre eigenen Raumgestaltungsmöglichkeiten beschränkt und Sie sollten diese mit den Schülern gemeinsam besprechen und verändern, denn die Kinder sind an ihren Raum gewöhnt. Die Tischanordnung und Sitzordnung können Sie nach Rücksprachen verändern, ebenso wie die räumliche und organisatorische Einbindung des Lehrerschreibtisches, der Regale und Schülermaterialien.

Übernehmen Sie als Klassenlehrerin ein erstes Schuljahr, können Sie üblicherweise den Klassenraum nach Ihren persönlichen Wünschen und pädagogischen Überlegungen frei gestalten.

Die Schüler sollen sich in ihrem Klassenraum wohlfühlen. Er soll ihnen eine Atmosphäre der Sicherheit und des Aufgehobenseins vermitteln.

Dazu gehören
- eine freie Spielecke,
- eine Kuschelecke,
- eine Ecke mit Lesematerial (Bilderbücher zu Anfang) und
- eine Tischgruppierung, die soziales Miteinander fördert.

Spiel- und Kuschelecke sind in der Grundschule elementare Einrichtungen. Zum einen wird dort soziales Verhalten praktiziert und geübt, zum anderen können so freie Spiel- und Arbeitssequenzen selbstbestimmt gestaltet werden. In diesen Unterrichtsphasen entstehen wertvolle soziale Kontakte und gemeinsames Tun.

Hinweis

Richten Sie in einem Regal für jedes Kind ein Fach ein. Es ist wichtig, dass jedes Kind sein eigenes Fach (Schubfach, Schuhkarton etc.) hat, in dem seine Zeichensachen, Schere, Kleber und Ähnliches aufbewahrt werden und zu dem es jederzeit freien Zugang hat. Das Fach kann zu einem wertvollen Objekt des Lernens von Ordnunghalten werden.

Die Platzierung Ihres Schreibtisches im Klassenraum wird unter Lehrerinnen unterschiedlich gehandhabt. Manche stellen den Tisch bewusst hinter die Schüler, um die Lehrerkonzentration zu vermeiden, andere, wie ich selbst, stellen ihn in den Klassenvordergrund, neben die Tafel. Neben den organisatorischen Vorteilen (eingreifen, unterstützen, Tafelnähe, Übersicht), die diese Anordnung mit sich bringt, bin ich der Meinung, dass die Schüler Sicherheit und Vertrauen gewinnen, wenn sie die Lehrerin vor Augen haben. Eine zu große Lehrerpräsenz ist sicher nicht vom Standort des Schreibtisches abhängig.

Lassen Sie Ihren Klassenraum mit Schülerarbeiten dekorieren, das macht ihn persönlicher. Im Laufe des Schuljahres werden im Kunstunterricht immer wieder Bilder oder andere selbst gebastelte und gewerkelte Dinge erstellt, die den Raum fabelhaft schmücken können. Die Schüler sollen mit ihren eigenen Kreationen umgeben sein, damit sie Freude daran haben und stolz sein können.

3.2.2 Organisatorisch-konzeptionelle Vorbereitungen

Es macht einen Unterschied, ob Sie ein erstes Schuljahr übernehmen oder ob Sie die neue Klassenlehrerin eines zweiten, dritten oder vierten Schuljahres werden. Bei Letzterem können Sie in der Regel die Lehrerinnen der Parallelklassen, Ihre Vorgängerin oder die Schulleitung nach folgenden Punkten fragen:

- Wie ist der Leistungsstand der Klasse?
- Gibt es besondere Probleme mit einzelnen Kindern?

- Gibt es allgemeine Informationen zu der Klasse und wo sind die Unterrichtsmaterialien, die behandelt wurden, zu finden?

Ein erstes Schuljahr zu übernehmen, ist etwas anderes und bedarf größerer Überlegungen und Vorbereitungen. Wenn Sie Klassenlehrerin eines ersten Schuljahres werden, sollten Sie gut vorbereitet sein.

Wenn es Ihnen möglich ist, besuchen Sie noch vor Schulbeginn den Kindergarten in der Gegend, am besten zu einem Elternabend. Dies ist eine gute Gelegenheit, die Eltern kennenzulernen, sich vorzustellen und Fragen zu beantworten. Dazu müssen Sie allerdings wissen, ob und an welcher Schule Sie ein erstes Schuljahr übernehmen. Häufig erfahren Lehrerinnen erst viel zu spät, an welche Schule sie kommen und noch später, wie sie dort eingeteilt werden.

Tipp

Schicken Sie an die Eltern vor Schulbeginn ein Informationsschreiben, dem Sie eine Liste der Dinge beifügen, die die Kinder zum Schulbeginn mitbringen sollen (siehe auch Checkliste Kapitel 4.3.2). Schreiben Sie dazu, dass die Schultüten am ersten Schultag nicht nur mit Süßigkeiten, sondern schulgerecht mit Schere, Kleber, bunter Kreide und Buntstiften gefüllt sein sollten. Legen Sie dem Schreiben einen kleinen Brief an Ihre künftigen Schüler bei, in dem Sie schreiben, dass Sie sich auf sie freuen.

Die Wahl der Fibel

Eine meines Erachtens recht schwierige Entscheidung ist noch vor der Einschulung zu treffen: die Wahl der Fibel für Ihre Erstklässler. Sowohl die Kriterien als auch das Auswahlverfahren werden von Schule zu Schule unterschiedlich gehandhabt. Da in Hessen die Fibeln am Ende des ersten Schuljahres den Schülern übereignet werden, haben an unserer Schule jeweils die Lehrerinnen der ersten Klassen ihre eigenen Entscheidungen treffen können. Meist hatten die Parallelklassen die gleiche Fibel. Es gab aber auch einen Jahrgang, bei dem ich bewusst mit einer anderen Fibel als die Parallelklasse arbeitete.

Es gibt Fibeln, die eine einzige Geschichte für alle neuen Buchstaben weitererzählen (wie z. B. die Tobi-Fibel vom Cornelsen Verlag). Ich habe lieber mit Fibeln unterrichtet, die unterschiedliche Geschichten zum Einführen neuer Buchstaben erzählen, meist mit einem Bezug zu dem jeweiligen Buchstaben, weil sie motivierter wirkten und sich mehr Unterrichtsstoff darin für mich befand. Es ist einfach abwechslungsreicher, wenn neue Geschichten auftauchen.
Meine Lieblingsfibel war „Mimi, die Lesemaus" vom Oldenbourg Verlag. Mimi wurde schnell zum Lieblingstier meiner Klassen und wird noch eine Rolle im vorliegenden Buch spielen.
Die unterschiedlichen Konzepte hinsichtlich des Lesematerials für den Anfangsunterricht sind ein Thema mit ständig wechselnden Standpunkten. Sie zu erörtern ginge über den Rahmen meines Buches hinaus, sie sind an anderer Stelle nachzulesen. Schauen Sie z. B. beim Hessischen Kultusministerium unter dem Stichwort „Für einen guten Start" nach. Dort finden Sie ein Dokument des Instituts für Qualitätsentwicklung, das die Kriterien zur Auswahl von Fibeln und Materialien zum Schulanfang prägnant zusammenstellt.

Die Wahl des Mathematikbuches für ein erstes Schuljahr ist meist einfacher, da sie inhaltlich weniger differenziert sind und häufig in der Schule die Ausgaben eines Verlages genutzt werden, die laut Konferenzbeschluss angeschafft werden.

Wenn die Fibel und das Mathematikbuch in Ihren Händen liegen, geben Sie Ihnen ein sicheres Gefühl zu wissen, wie es losgeht. Das heißt zu wissen, was Sie ihren Schülern als Erstes beibringen. Das klingt vielleicht banal und unnötig. Doch kann ich mich gut an meine Unsicherheit erinnern, als ich zum ersten Mal ein erstes Schuljahr übernahm. Ich wusste tatsächlich nicht, wie ich anfangen sollte. Da geben Buchstaben und Zahlen in einem Buch psychologische Hilfe.

Eine weitere mentale Stütze kann sein, wenn Sie sich frühzeitig um die lückenlosen, formalen Angaben kümmern. Legen Sie sich eine Klassenliste an, die sowohl die Anschrift(en) der Eltern als auch mindestens eine Telefonnummer pro Kind für den Notfall beinhaltet.

Tipp

Wenn Sie neu an einer Schule sind, informieren Sie sich über Logopäden, Ergotherapeuten und Kinder- und Jugendtherapeuten, die im Umkreis tätig sind und notieren Sie sich die Adressen, ebenso die des Jugend- und Sozialamtes. In jeder Klasse gibt es Kinder, die Hilfe im motorischen und/oder psychosozialen Bereich benötigen. Bei erkennbaren anhaltenden Problemen sollten Sie tätig werden.

3.3 Schulanfang für Erstklässler

Kinder, die in die Schule kommen, sind freudig, ängstlich, neugierig, interessiert und aufgeregt. Sie treten in eine neue Lebensphase ein. Der erste Schultag soll ein schöner Tag sein, soll gelingen und ein gutes Gefühl für Schule erwecken. Ich werde in dem Kapitel „Besondere Stunden und Tage" den Einschulungstag und die ersten Stunden miteinander (siehe Kapitel 8.1) noch einmal aufgreifen.

Es gibt in den jeweiligen Schulen unterschiedliche Konzepte, Erstklässler aufzunehmen. Dies beginnt mit der Einbindung der Kinder in die Schule bereits vor der Einschulung.

Wenn Sie als Klassenlehrerin die Klassenliste mit den Namen Ihrer zukünftigen Schüler erhalten, bleibt es Ihnen überlassen, ob Sie sich Informationen zu den Kindern einholen oder zunächst unvoreingenommen den ersten Kontakt zu den Schülern am ersten Schultag aufnehmen.

Ich bevorzuge eine Mischform der Informationsbeschaffung im Vorfeld. Es gibt Grundinformationen aus den Kindergärten, aus den vorschulischen ärztlichen Tests und aus dem Schulaufnahmegespräch, das meist von der Schulleitung und wenn möglich der zukünftigen Klassenlehrerin geführt wird, die Ihnen helfen können.

Gravierende Probleme und Entwicklungsdefizite zu kennen, halte ich für sinnvoll. In der Regel finden vor der Einschulung Elternabende in den Kindergärten statt, auf denen die wichtigsten Informationen zum Schulanfang von den zukünftigen Klassenlehrerinnen mitgeteilt und Elternfragen beantwortet werden. Auch unter den Lehrerinnen, insbesondere den Parallelklassenlehrerinnen, findet fast immer ein Austauschgespräch über die Schulanfänger statt, sei es, weil die älteren Geschwister bereits in der Schule sind, die Familien bekannte Probleme haben oder das Kind Verhaltensauffälligkeiten zeigt. Vieles ist in der Schule bekannt und ganz unbefangen wird kaum eine Lehrerin ihre Klasse empfangen.

Ich wollte meine zukünftigen Erstklässler nicht zu intensiv auf die Schule vorbereiten. Von einem „Schnuppertag" in der Grundschule schon zu Kindergartenzeiten habe ich – im Gegensatz zur Kolleginnenmehrheit – Abstand gehalten. Ich wollte ihnen die Neugierde bzw. das Neue erhalten und beschränkte mich auf den bereits erwähnten persönlichen Brief, den ich kurz vor Schuleintritt an die Kinder schrieb. Manche Kolleginnen schreiben bereits „Hausaufgaben" in den Brief, in dem sie die Kinder bitten, ein selbst gemaltes Bild am ersten Schultag mit zu bringen. Das können Sie gerne tun. Ich selbst wollte nicht schon vor Schulbeginn mit Forderungen an die Kinder herantreten, aber das ist Geschmackssache.

Für den ersten Schultag mit Ihrer neuen Klasse sollten Sie vorbereitet sein und wissen, wie Sie die Kinder begrüßen, was Sie mit ihnen machen und was Sie ihnen sagen wollen.

Tipp

Lassen Sie von Schülern höherer Klassen kurz vor dem Einschulungstag die Tafel bunt und freundlich bemalen. Wenn Sie bereits an der Schule unterrichten, können Sie auch kleine Bastelarbeiten von Ihren älteren Schülern für die Erstklässler herstellen lassen. Diese warten dann am ersten Tag im neuen Klassenraum auf die Kinder. Überreichen Sie die Geschenke mit vielen guten Wünschen von den älteren Schülern. Das macht den Schulanfängern große Freude und sie sind stolz auf Ihre Geschenke.

Wenn Kinder und Eltern fröhlich nach der Einschulungsfeier nach Hause gehen, werden Sie tief durchatmen. Der Anfang ist gemacht, eine lange Zeit der Verantwortung liegt vor Ihnen.

3.4 Die ersten Schulwochen

In den ersten Tagen brauchen Sie – außer starken Nerven – zehn Hände gleichzeitig.

Als Grundschullehrerin müssen Sie vier, in manchen Bundesländern sechs Jahre lang viel mehr als die elementaren Lese-, Schreib- und Rechentechniken vermitteln. Sie sollen die Grundschulkinder „da abholen, wo sie stehen". Ein häufig wiederholter Satz in der Grundschulpädagogik, der Ihnen zu keiner Zeit deutlicher wird als in den ersten Schulwochen. Unterschiedliche Charaktere, unterschiedliche Entwicklungsstufen und unterschiedliche Erziehungsmethoden treffen im Klassenraum zusammen, um gemeinsam unterrichtet zu werden.
Für die Kinder ist zunächst das Gefühl des Auf- und Angenommenwerdens in der Schule von großer Bedeutung. Hier spielen Sie als Person eine prägende Rolle.

Die Kinder wollen Vertrauen zu Ihnen als Lehrerin aufbauen und erleben die ersten Tage erwartungsvoll mit großem Interesse an allem Neuen. Manche Kinder treten forsch und keck auf, andere zurückhaltend und schüchtern. Manche sind sehr selbstständig und aktiv, andere noch sehr hilfsbedürftig und passiv.

Es sind am Anfang eher Tage des gegenseitigen Gewöhnens und Kennenlernens. Für Sie ist es wichtig, den Kindern einerseits klare Vorgaben und Regeln zu erklären, anderseits auch Raum und Zeit zu lassen, ihre Schule zu erforschen und sich in ihr wohlzufühlen.
Zeigen Sie Ihren Schülern nach und nach alles: Machen Sie einen Rundgang durch die anderen Klassen und stellen Sie sie gegenseitig vor. Besuchen Sie das Sekretariat, das Lehrerzimmer, die Fachräume, das Schulleiterzimmer und die Toiletten.
Erklären Sie den Schülern die wichtigsten Regeln im Klassenraum. Dazu gehören die Regeln für den Umgang miteinander, die Regeln zum Arbeitsverhalten und Ordnunghalten sowie die Unterrichts- und Pausenregeln.

Sie werden unendlich viel Zeit für alles brauchen. Bleiben Sie geduldig. Helfen Sie, Jacken aufzuhängen, Dinge im Ranzen zu finden, die persönlichen Fächer zu füllen und zu ordnen.
Sie werden Tränen trocknen und trösten, dass Mama oder Papa sich vor der Klasse verabschieden und nicht mit in den Klassenraum kommen können.
Ich musste in einem ersten Schuljahr einen Schüler die ersten beiden Wochen auf dem Arm in die Klasse tragen, weil er seine Mama nicht loslassen wollte. Beide weinten – der Schüler und die Mama. Das erfordert Einsatz und Ruhe von Ihnen, denn die anderen 20 bis 26 Schüler warten auch auf Sie.

Tipp

Nehmen Sie sich für die ersten Wochen nicht allzu viel Stoffvermittlung vor. Es wird viel Zeit für das soziale Miteinander benötigt. Fangen Sie aber trotzdem zügig mit dem Lernen an: Die Kinder wollen Buchstaben kennenlernen sowie Zahlen sehen und hören. Darauf haben sie lange gewartet, darauf haben sie sich gefreut. Nutzen Sie diese Motivation und Neugierde. Machen Sie viele kleine Pausen in den ersten Tagen, die Kinder brauchen Phasenwechsel, sonst ermüdet die Konzentration. Bauen Sie Bewegungsspiele in den Unterricht ein.

Literaturtipps

- Klink, Gabriele (2014): 166 Sport-Spiele zur Psychomotorik: Gezielte Bewegungsangebote für den Anfangsunterricht. Hamburg: Persen Verlag
- Petillon, Hanns (2013): 130 Bewegungsspiele für die Grundschule. Weinheim: Beltz Verlag

Behalten Sie zu Ihrer eigenen Sicherheit als Stoffplan die ersten Seiten in der Fibel und im Mathebuch im Auge. Dies sollen Ihre Lernziele sein. Zwischen allen wuseligen Szenen, Spiel- und Bewegungsphasen, Ordnungsfindungen und Aufmunterungssituationen ist es innerlich beruhigend zu wissen, wo es inhaltlich lang gehen soll.

Halten Sie folgende fünf Merksätze für die Schüler bereit, die Sie ihnen immer wieder vermitteln, vor allem in den ersten Schulwochen:

1. Frag nach, wenn du etwas nicht verstehst!
2. Halte in deinen Schulsachen Ordnung!
3. Überleg, ob du alles im Ranzen dabeihast, was mitzubringen ist (Kleber, Schere, ...)!
4. Geh den Schulweg gemeinsam mit deinen Freunden!
5. Lass dich nicht ablenken im Unterricht, dann bist du schneller fertig und hast mehr Freizeit!

Denis braucht Zeit

Denis hatte zu Schulbeginn große Schwierigkeiten, sich von seiner Mutter zu lösen.
Er klammerte sich an sie und ging nicht ohne sie in den Klassenraum. Viele Überredungsversuche scheiterten, alle Kinder mussten warten, bis Denis dann endlich doch noch zu uns in den Raum kam: mit seiner Mutter. Unter Tränen verabschiedete er sie widerwillig. Nach Tagen entdeckte ich die Lösung. Ich nahm Denis auf den Arm, wir winkten seiner Mama zu und ich trug ihn auf seinen Platz. So geschah es drei Wochen lang. Danach ging Denis alleine auf seinen Platz, ohne Mama und nicht auf dem Arm seiner Lehrerin.

Linktipps

- Hier finden Sie viele Lieder, Spiele und Musicals für den Schulanfang: www.schott-musikpaedagogik.de (→ Themen → Schulanfang).
- Eine kleine Auswahl verschiedener Fibeln finden Sie unter: www.klett.de (→ Lehrerinnen und Lehrer → Ihr Bundesland → Anfangsunterricht/Fibel).

Literaturtipps

- Praktische Checklisten, Kennenlernspiele und einen Einschulungstest für die erste Klasse finden Sie in folgendem Buch: Bairlein, Sigrid; Butters, Christel; Zellhöfer, Ute (2010): Schulanfang – Hilfen für Lehrer. Donauwörth: Auer Verlag
- Eine theorie- und praxisorientierte Darstellung der Inhalte, Formen und Gestaltungsmöglichkeiten des Lehrens und Lernens im Anfangsunterricht liefert: Hellmich, Frank (2010): Einführung in den Anfangsunterricht. Stuttgart: Kohlhammer Verlag

4 Klassenlehrerin

4.1 Rotation

In den Grundschulen gibt es unterschiedliche Klassenlehrerinnenverfahren. An einigen Schulen wechseln die Klassenlehrerinnen nach jeweils zwei Schuljahren, sie unterrichten das erste und zweite oder das dritte und vierte Schuljahr. Viele Lehrerinnen bevorzugen entweder die Kleineren oder die Größeren, d.h., sie unterrichten jahre- oder jahrzehntelang immer dieselbe Altersstufe. Häufig wird dabei das Argument stark gemacht, dass man dann wisse, was zu tun sei, da man über die Jahre alle Materialien und den Lehrstoff zusammengebracht habe und ein Experte für die Altersstufe sei.

An unserer und vielen anderen Schulen hingegen führen die Klassenlehrerinnen die Grundschüler vier Jahre lang. Nach Abgang der Schüler der vierten Klassen nehmen die Lehrerinnen wieder ein erstes Schuljahr auf.
Ich war jedes Mal froh, meine Klasse vier Jahre behalten zu können und das aus mehreren Gründen:
Es ist schön, die Entwicklung der Kinder länger begleiten zu können, ihr geistiges und körperliches Wachstum ist immer wieder bewundernswert. Der Erfolg nach vier Jahren ist größer als nach zwei Jahren. Zudem wuchsen mir die Schüler ans Herz, ich trennte mich ungern. Im Übrigen ist es abwechslungsreicher und interessanter, den Unterrichtsstoff nach vier und nicht nach zwei Jahren zu wiederholen.
Ein gängiges und nicht von der Hand zu weisendes Gegenargument gegen vier Jahre Klassenlehrerin ist die größere Abhängigkeit von der Lehrerin. Wenn sich Schüler mit ihrer Klassenlehrerin nicht verstehen, wenn es Probleme gibt und die Schüler leiden darunter, kann ein Klassenlehrerinnenwechsel eine große Hilfe und Erleichterung für den weiteren Schulweg sein.

Ich bin der Meinung, dass Fachlehrerinnen einer Klasse förderlich sind, und halte es für sinnvoll, nicht alle Fächer von einer Lehrkraft unterrichten zu lassen, weil Fachlehrerinnen für Ausgewogenheit sorgen und die Dominanz einer Klassenlehrerin verringern. Zudem lernen die Schüler verschiedene Lehrerinnentypen (Charaktere) kennen und mit ihnen umzugehen.

Wenn Sie eine Vollzeitstelle haben, unterrichten Sie in der Regel mehr Stunden in Ihrer Klasse, als wenn Sie Teilzeit arbeiten. In diesem Fall ist die Anzahl der Fächer, die Sie in Ihrer Klasse unterrichten können, ohnehin begrenzt. Die meisten Lehrerinnen sind lieber viele Stunden in ihrer eigenen Klasse eingesetzt, da das Unterrichten dann einfacher ist. Die Akzeptanz der Schüler gegenüber einer Klassenlehrerin ist in der Regel größer als gegenüber einer Fachlehrerin.

Wie auch immer:
Die Verantwortung für die Klasse tragen Sie als Klassenlehrerin.

4.2 Die Aufgaben einer Klassenlehrerin

Die Aufgaben einer Klassenlehrerin sind schwer zu umreißen, denn sie greifen in viele Bereiche und umfassen die ganze Spannbreite der Tätigkeiten um eine Klasse herum, seien es Klassenbuchführung, Zeugnisse, Pflege des Klassenraums, Klassenfeiern, Klassenfahrten und nicht zuletzt die Elternarbeit, der ich ein eigenes Kapitel widme (siehe Kapitel 5).

Dazu kommen Problemlösungen und Konfliktregelungen im normalen Schulalltag. Probleme der Schüler untereinander, Konflikte mit Fachlehrerinnen, Schwierigkeiten mit Eltern, auch untereinander – Ansprechpartner in solchen schwierigen Szenarien sind immer Sie. Es ist durchaus möglich, dass Sie viel Kraft, Energie und Zeit in solche Problemsituationen stecken müssen. Dabei müssen Sie Entscheidungen treffen, Stellung beziehen und auch Strafen erteilen.

Nach meiner Erfahrung zahlt es sich aus, wenn Sie als Klassenlehrerin jederzeit ansprechbar sind. Meine Schüler, Eltern, Kolleginnen und die Schulleitung hatten meine Telefonnummer und konnten mich bei Bedarf kontaktieren. Ich kenne viele Kolleginnen, die ungern ihre Telefonnummer herausgeben und wenn, nur in bestimmten, kurzen Zeitfenstern angerufen werden möchten. Sie arbeiten mit Mitteilungsheftchen, in denen die Lehrerin Eintragungen hinterlässt, die die Eltern als „gesehen" unterschreiben müssen. Mein persönlicher Weg ist das nicht, da ein direkter Kontakt und ein Gespräch oft schneller, einfacher und zufriedenstellender Schwierigkeiten klären als das Hin-und-her-Schicken von Nachrichten.

Als praktische Hilfe und zur Orientierung, auf was Sie als Klassenlehrerin alles achten müssen, haben meine Autorenkollegen des Ratgebers für die Sekundarstufe ausführliche Checklisten für Klassenlehrerinnen zusammengestellt, die ich – auf Grundschulthemen zugeschnitten bzw. reduziert oder erweitert –, Ihnen an dieser Stelle zur Verfügung stellen möchte. Entscheiden Sie selbst, inwieweit Sie die Checklisten konkret in Ihrer Arbeit nutzen oder ob Sie sie lediglich als Leitfaden sehen.

4.3 Checklisten für Klassenlehrerinnen

4.3.1 Checkliste I: Schülerdaten

Erfassen von Schülerdaten zu Beginn des Schuljahres

- ☐ Gibt es vorgefertigte Bögen?
- ☐ An wen, in welcher Form und bis wann sind diese abzugeben?
- ☐ Schülerdaten gleich in der ersten Stunde provisorisch erfassen und alphabetisch sortieren (siehe Tabelle)
- ☐ Schülerlisten weitergeben an Fachlehrerinnen; wenn die endgültigen Listen länger dauern: provisorische Liste ausfüllen lassen und weitergeben, an Kolleginnen und ggf. auch an Schüler untereinander

In Druckbuchstaben ausfüllen:					
Nachname	Vorname	Straße	Wohnort mit PLZ	Telefon	E-Mail
Beispiel	Martina	Rosenweg 5	71234 Klein-Groß-heim	05123-45678	M.Beispiel@t-online.de

Beispiel für eine Schülerdatenliste

4.3.2 Checkliste II: Informationsweitergabe

In dieser Checkliste sind alle wichtigen Punkte enthalten, über die Sie die Eltern und die Schüler einer neuen Klasse zu Beginn des Schuljahres informieren sollten.

Hinweis

Achten Sie darauf, sich eine Kenntnisnahme der Informationen von den Eltern unterschreiben zu lassen.

Sekretariat

- [ ] Sprechzeiten

Zeiten des Schultages

- [ ] Öffnungs- und Schließzeiten der Schule und des Klassenzimmers
- [ ] Stundenbeginn und -ende bzw. Pausen

Stundenplan

- [ ] Stundenplan verteilen
- [ ] Stundenplan vor allem zu Schulbeginn aktualisieren

Schülerbeförderung

- [ ] Beförderungsmöglichkeiten für die Schüler zur Schule und wieder zurück (Bus, Bahn)

Ferien und schulfreie Tage

- [ ] Informationen über die Ferienzeiten und Termine der schulfreien Tage

Informationen zur Versetzung

- [ ] Vorgaben der Versetzungsordnung
- [ ] Hinweis bei Versetzungsgefährdung
- [ ] Versetzungstermine

Schulbescheinigung

- [ ] Schulbescheinigung für die Eltern zum Nachweis beim Finanzamt (Kindergeld)

Schülerunfallversicherung

- [ ] auf diese Möglichkeit empfehlend hinweisen

Lernmittelverwaltung

- [ ] Handhabung, Listenführung, Abrechnung
- [ ] Rückgabe (Schulaustritt, Schuljahresende)

Unterrichtsbefreiung

- [ ] Wer darf wie lange vom Unterricht befreien?
- [ ] Voraussetzungen, die zu erfüllen sind (z.B. bei Freistellungsantrag durch einen Sportverein)

Organisationsstruktur der Schule

- [ ] Informationen zum organisatorischen Aufbau der Schule
- [ ] ggf. auf Verhalten gegenüber Lehrerinnen, Mitarbeitern des Sekretariats, Hausmeistern, Reinigungspersonal hinweisen
- [ ] wenn möglich Klassen, die neu an der Schule sind, durch Direktor (oder Stellvertreter) begrüßen lassen

Verhalten bei Krankheiten

- [ ] Verhalten, wenn innerhalb der Schule etwas passiert
- [ ] Wann und wie erfolgt eine Krankmeldung (ärztliches Attest)?
- [ ] Medikamente, Pflaster o. Ä. darf das Sekretariat nicht austeilen.

Führung durch das Schulgebäude

- [ ] Schulführung bei neuen Klassen bzw. Schülern

Verhalten im Brand- und Katastrophenfall

- [ ] Brandalarmübungen durchführen
- [ ] Bestimmungen ins Klassenzimmer hängen

4.3.3 Checkliste III: Klassenorganisation

Anlage eines Klassenbuches

- [ ] allgemeine Daten eintragen (so schnell wie möglich ausfüllen, Provisorien zu Schuljahresbeginn mit Bleistift, meist ist eine Ausfüllhilfe vorhanden)
- [ ] doppelte Buchführung bzw. Sicherheitskopie anfertigen
- [ ] Klassenliste einkleben (außerdem an alle in der Klasse unterrichtenden Lehrerinnen verteilen)

Hinweise

Das Klassenbuch ist das Herzstück und – neben dem Notenbuch – das wichtigste Dokument überhaupt, insbesondere, wenn es um Disziplinarmaßnahmen geht. Deshalb sollten Sie nicht nur das Klassenbuch Ihrer Klasse selbst sorgfältig führen, sondern darüber hinaus auch auf seine Führung durch Ihre Kolleginnen achten:

- regelmäßig auf Vollständigkeit überprüfen; Kolleginnen regelmäßig um Nachtrag bitten, wenn etwas fehlt (nicht erst kurz vor den Zeugnissen oder zum Schuljahresschluss)
- Fehlzeiten sorgfältig erfassen, am besten eine eigene Liste führen; auch stundenweises Fehlen registrieren
- Nachweise für erlaubte Fehlzeiten überprüfen und abhaken: Entschuldigungen, Atteste, Anträge auf Freistellung; hier empfiehlt sich ein Kürzel hinter dem Namen des Fehlenden (e = entschuldigt, A = Attest o. Ä.), auch zur Information für die Kolleginnen
- sorgfältig Änderungen der Schülerdaten wie Austritt, Adressänderung etc. eintragen
- Endkontrolle am Jahresende durchführen

Tipps

Planen Sie die Klassenbuchkontrolle fest in Ihren Stundenplan ein:

- in einer Freistunde (dann müssen Sie es allerdings von der unterrichtenden Lehrerin erbitten und sofort wieder zurückgeben)
- vor oder nach Unterrichtsbeginn, wenn die Bücher zugänglich sind (Lehrerzimmer oder sonstiger Aufbewahrungsort)

Noch ein wichtiger Hinweis

Machen Sie in festgelegten und in Ihrem Notebook oder Kalender eingetragenen Abständen (z. B. jede zweite Woche) eine Sicherheitskopie.

Tafeldienst

- ☐ Einteilungsprinzip klären
- ☐ Aufgabenbeschreibung
- ☐ Kolleginnen um Beachtung bitten

Ordnungsdienst

- ☐ Einteilungsprinzip klären
- ☐ Aufgabenbeschreibung
  (Bodensauberkeit, Türen und Fenster schließen)

Verhaltensregeln

- ☐ Verhaltensregeln aufstellen

4.3.4 Checkliste IV: Klassenpflegschaft

Bekanntgaben

- ☐ Stundenplanänderungen und Stundenausfälle
- ☐ Exkursionen, Klassenfahrten
- ☐ Termine und Terminverschiebungen
- ☐ erfolgte Bekanntgabe immer ins Klassenbuch eintragen
- ☐ betroffene Kolleginnen informieren

Überwachen der Fehlzeiten

- ☐ Klassenbucheinträge über Fehlzeiten (auch Fehlstunden!) registrieren
- ☐ Entschuldigungen und Beurlaubungen dokumentieren
- ☐ ggf. Ordnungsmaßnahmen einleiten

Überwachen der Klassenbucheinträge

- ☐ insbesondere Disziplinverstöße, die von Kolleginnen eingetragen wurden (Vorsicht! Disziplinverstöße dürfen in manchen Bundesländern nicht eingetragen werden.)
- ☐ Kolleginnen immer wieder auf die Wichtigkeit der Einträge als Rechtsgrundlage für Ordnungsmaßnahmen hinweisen

Änderung der Schülerdaten

- [ ] Datenänderungen z.B. bei Schulwechsel (Adressen, Telefonnummern u.Ä.)
- [ ] Sekretariat und Kolleginnen informieren
- [ ] bei Abgängen Abgangszeugnis organisieren

Klassenbuch Endkontrolle

- [ ] Prüfung der Vollständigkeit der Kolleginneneinträge und sonstiger Einträge
- [ ] zwei Wochen vor der Zeugniskonferenz

4.3.5 Checkliste V: Zeugnisse

Notenerfassung

- [ ] die Notenerfassung vorbereiten oder veranlassen, z.B. durch das Auslegen von Notenlisten im Lehrerzimmer oder in die Fächer der Kolleginnen
- [ ] termingerechte Abgabe der Kolleginnen überwachen
- [ ] Überprüfung und Vervollständigung der Notenlisten
- [ ] Terminvorgaben beachten
- [ ] ggf. Notenliste für Kopfnoten anfertigen (je nach Verfahren in der Schule)

Vorbereitung der Notenkonferenz

- [ ] Listen für die Kolleginnen kopieren, Overheadprojektor oder Beamer verwenden
- [ ] gefährdete Schüler und Problemfälle markieren
- [ ] verschiedene Einträge vorbereiten (Ehrenamt, Preis, Bemerkungen, Fehlzeiten)

Hinweis

Die Verfahren bei der Notengebung sind sehr unterschiedlich, insbesondere die Behandlung von Kopfnoten („Fleiß und Mitarbeit") und die „Bemerkungen" im Zeugnis. Erkundigen Sie sich dazu an Ihrer Schule und lesen Sie hierzu Kapitel 7.3 „Notengebung".

Noteneingabe überwachen

- [ ] Überprüfen der ausgedruckten Listen mit den Zeugnisnoten und den Einträgen in der Datenbank des Sekretariats

Zeugnisse erstellen

- [ ] Zeugnisse schreiben (lassen)
- [ ] Ausdruck überprüfen: Noten, Schülerdaten, Unterschriften, Einträge
- [ ] Termin für die Zeugnisausgabe beachten

Zeugnisausgabe

- [ ] Rückschau und Feedback zum vergangenen Schul(halb)jahr
- [ ] Zeugnisausgabe
- [ ] Wertschätzung für Leistung der Schüler zeigen und Ausgabe eindrücklich gestalten

4.4 Checkliste für die Fachlehrerin

Fast immer ist eine Fachlehrerin auch Klassenlehrerin und man sollte meinen, dass sie als solche automatisch wüsste, was als Fachlehrerin zu tun ist. Das stimmt auch. Aber kennen Sie nicht auch das Phänomen, dass Sie einerseits hinter den Klassenbuch- und Noteneinträgen ihrer Kolleginnen her sind, selbst jedoch vergessen, einen Schüler einzutragen, der zu spät gekommen ist, oder den Stoff des Unterrichts? Verzeihen Sie sich das. Es ist menschlich. Versuchen Sie, die Fehlerquellen zu minimieren.

4.4.1 Beginn und Verlauf des Schuljahres

Bücher- und Materialliste

- [ ] überprüfen, ob die Klassenlehrerin oder die Zuständige für Bücher und Materialien Ihre Angaben bekommen hat; meist ist dies bereits am Ende des vorhergehenden Schuljahres erfolgt

> **Hinweis**
>
> Vorsicht! Spielen Sie nicht zum x-ten Mal mit den Schülern Kennenlernspiele. Wichtig für Sie als Fachlehrerin ist, dass Sie selbst die Namen lernen und nicht so sehr, dass sich die Schüler untereinander kennenlernen.

Transparenz (in der Grundschule nur bedingt verwendbar)

Notenzusammensetzung erläutern

- [ ] Gewichtung der mündlichen und schriftlichen Noten deutlich machen
- [ ] Handhabung bei Hausaufgaben klarstellen
- [ ] Zahl und Termine der Klassenarbeiten bekannt geben

Verhaltensregeln

- [ ] von der Klassenlehrerin übernehmen
- [ ] Regelwerk ggf. ergänzen
- [ ] Regelwerk festlegen (lassen), falls nicht von anderer Seite bereits geschehen
- [ ] Schüler von Anfang an mit Ihren Vorstellungen und Maßnahmen bekannt machen

Unterrichtsbefreiung

- [ ] Vorschriften beachten: Meist kann die Fachlehrerin bis zu zwei Stunden freigeben.
- [ ] Klassenbucheintrag nicht vergessen

Klassenbucheinträge

- [ ] Fehlzeiten (auch stundenweise), Bekanntgaben, besondere Vorkommnisse
- [ ] störendes Verhalten (Vorsicht: Nicht in allen Bundesländern erlaubt!)

Hinweise

Ohne sorgfältige Klassenbucheinträge können Sie weder von der Klassenlehrerin noch von der Direktion Rückhalt erwarten. Eine Klassenkonferenz kann nicht ohne die dokumentierten Vorkommnisse einberufen werden.
Achtung, Falle! Schwierigkeiten mit einem Schüler oder mit der ganzen Klasse sollten *spätestens* drei Monate nach Schulbeginn mit der Klassenlehrerin und/oder den Kolleginnen besprochen werden. Kurz vor den Zeugnissen ist es zu spät – vor allem für die Schüler.

Ordnungsdienste

- [ ] Ordnungsdienste der Klassenlehrerin in Anspruch nehmen
- [ ] auf konsequente Einhaltung achten

Disziplinarmaßnahmen

- [ ] erst einsetzen, wenn alle pädagogischen Maßnahmen fehlgeschlagen sind
- [ ] Verordnungen beachten
- [ ] Feedbackregeln einhalten, auch da Wertschätzung nicht vergessen

Schülerdaten

- [ ] Änderungen erfassen

Notenerfassung

- [ ] Datum des Noteneintrags
- [ ] doppelte Buchführung: Noten von Zeit zu Zeit kopieren bzw. Sicherungsdatei erstellen

Elternabend

- [ ] Vorstellen bei den Eltern der Klassen, die Sie unterrichten
- [ ] Notenbuch mitnehmen, Eltern fragen oft danach (auch nach offiziellem Schluss)
- [ ] gute Organisation und Absprache mit der Klassenlehrerin

☑ Tipps

- Legen Sie einen eigenen Ordner für jede Klasse an.
- Teilen Sie ein Blatt aus mit den Informationen zu Ihrer Notengebung, Ihren Verhaltensregeln und einem Hinweis auf den Aufbewahrungsort der von Ihnen gegebenen Informationen. Machen Sie einen Abschnitt zum Abtrennen, den die Schüler unterschreiben sollen (z. B.: „Ich wurde über die Hausordnung, die Verhaltensregeln und die Notengebung von Frau/Herrn … informiert.“).

4.4.2 Ende des Schuljahres

Bücher- und Materialliste

- [ ] Abgabe überwachen und auf Liste abhaken, wer was abgegeben hat; diese Liste kopieren oder Sicherheitsdatei erstellen
- [ ] meist durch die Klassenlehrerin oder die Schulleitung initiiert
- [ ] Termine beachten
- [ ] Teilnahme an Fachkonferenzen zur Festlegung der Lernmittel für das kommende Schuljahr

Notenerstellung und -eintrag

- [ ] Noten ausrechnen und eintragen
- [ ] Termine beachten

Kopfnoten oder Kompetenznoten

- [ ] Noten eintragen nicht vergessen!

Zeugniskonferenz

- [ ] Notenbuch mitnehmen und Noten abgleichen

4.5 Eigene Abwesenheit

Dazu gehören Dinge wie Krankheit, Klassenausflüge, Exkursionen, Theaterbesuche, Fortbildungen, Messen und Sonderaufgaben, wie z. B. die Mitgliedschaft in einer Lehrplankommission. Jedenfalls sind Sie auf absehbare Zeit außer Haus. Erstellen Sie für diese Fälle jeweils ebenfalls eine Checkliste, in der Sie u. a. folgende Aspekte berücksichtigen:

- [ ] Muss ich selbst Unterrichtsbefreiung beantragen oder macht das jemand für mich (z. B. bei einer Anordnung)?
- [ ] Wie ist der Dienstgang versichert und was muss man dafür ausfüllen? (Hier hilft das Sekretariat sicher gern.) Wer muss unterschreiben?
- [ ] Wer muss benachrichtigt werden (Stellvertreterin, Kolleginnen)?
- [ ] Ausfallende Stunden: Muss ich diese nur melden oder selbst für Vertretung sorgen? Wenn ja, wen muss ich fragen?
- [ ] Kolleginnen Stoff für Vertretungsstunden geben (ggf. Zeit nutzen, um Klassenarbeit schreiben zu lassen, welche von der Kollegin beaufsichtigt werden kann)
- [ ] Im Krankheitsfall: Wann muss das ärztliche Attest bzw. die Krankmeldung abgegeben worden sein?

Es würde an dieser Stelle zu weit führen, die umfangreichen Vorbereitungen für längere, voraussehbare – Abwesenheitszeiten, z. B. durch eine Kur, eine Operation oder eine Schwangerschaft zu erfassen.

☑ Tipps

- Fragen Sie erfahrene Kolleginnen, worauf man achten muss. Oft haben diese schon eine Liste erstellt oder können Ihnen sagen, an wen Sie sich wenden müssen.
- Fragen Sie auch im Sekretariat nach. Meistens ist man dort sehr hilfsbereit und gibt Ihnen die nötigen Formulare und Hinweise.
- Informieren und beruhigen Sie rechtzeitig auch Ihre Klassen und die Eltern Ihrer Schüler.

Möglicherweise trifft vieles, was in den Checklisten aufgeführt wurde, für Ihre Schule nicht zu. Regeln und Anordnungen sind sehr unterschiedlich und Sie können sie im Grunde nur in der Schule selbst erfahren und anwenden lernen.

Literaturtipp

„Das Klassenlehrer-Buch" beschreibt in einem umfangreichen Praxisteil mit konkreten Anregungen für die Arbeit mit Grundschulkindern, was Sie bei einer Klassenführung wissen sollten und unterstützt Sie in der Entwicklung Ihrer eigenen Lehrerpersönlichkeit.
Schubert, Nele; Friedrichs, Birte (2012): Das Klassenlehrer-Buch für die Grundschule. Weinheim Basel: Beltz Verlag.

5 Elternarbeit

Wenn Sie gut mit den Eltern Ihrer Schüler klarkommen, profitieren nicht nur Sie, sondern vor allem auch Ihre Schüler von dem guten Verhältnis. Während der Grundschulzeit ihrer Kinder sind die Eltern mehrheitlich an der Schule ihrer Kinder sehr interessiert. Sie möchten wissen, wie ihre Kinder unterrichtet werden, was im Lehrplan steht und wie der Klassenzusammenhalt ist. Im Laufe der Schuljahre nimmt das Interesse häufig merklich ab, vor allem in den bildungsfernen Familien. Nutzen Sie das anfängliche Interesse für Ihre Arbeit ganz aktiv.
Offenheit den Eltern gegenüber, eine gute Informationsarbeit und zahlreiche Gesprächsangebote sind grundsätzliche Voraussetzungen einer positiven Elternarbeit.

Das Interesse der Eltern ist unterschiedlich. Sie als Klassenlehrerin müssen Ihren persönlichen Zugang zu ihnen finden und den Eltern dabei den Kontakt erleichtern. Ob er angenommen wird, ist bei allgemeinen Informationen dann die Entscheidung der Eltern. Geht es um das einzelne Kind mit seinen Verhaltens- oder Leistungsproblemen, sollten Sie hartnäckig am Kontakt interessiert bleiben, auch wenn es die Eltern nicht sind. Gerade Eltern, deren Kinder Schwierigkeiten in der Schule haben, meiden oft die Lehrerinnen ihrer Kinder, um nicht mit den Problemen konfrontiert zu werden, da sie sich überfordert bzw. hilflos fühlen. Hier ist Fingerspitzengefühl von Ihnen gefordert. Gewinnen Sie das Vertrauen und die Glaubwürdigkeit der Eltern, um Ihren Schülern helfen zu können.

Es gibt auch bekanntermaßen die anderen Eltern, die den Lehrerinnen permanent Tür und Tor einrennen und alles Mögliche zum Problem machen, das keines sein muss. Auch hier ist Ihr Fingerspitzengefühl gefragt, um einen Kontakt zu finden, der für die Familie hilfreich ist und nicht in beidseitigen Aggressionen endet.

Es gibt Konfliktsituationen zwischen Eltern und Kindern, zwischen Lehrerinnen und Schülern und zwischen Lehrerinnen und Eltern, die Sie aus eigener Kraft nicht bewältigen können. Wenden Sie sich in diesen Fällen an die

Schulleitung und/oder suchen Sie sich professionelle Hilfe bei Schulpsychologen, beim Schul- oder Jugendamt oder anderen zuständigen Institutionen.

Eltern/Erziehungsberechtigte haben in allen Bundesländern viele Informations- und Mitbestimmungsrechte. Sie bilden Klassen-, Schul-, Kreis- und Landeselternbeiräte, die bis hin zu den Schulentwicklungsvorhaben der Landesregierungen umfangreiche Beteiligungsrechte besitzen. Sie sitzen in der Schulkonferenz, dem höchsten Entscheidungsorgan einer Schule und sind besonders in der Grund- und Mittelstufe bei allen wichtigen Vorhaben auch innerhalb einer Klasse zu informieren und teilweise um Zustimmung zu bitten, z. B. bei Klassenfahrten, Anschaffung zusätzlicher Unterrichtsmaterialien etc. Die hessische Verfassung erlaubt als einzige Länderverfassung den Erziehungsberechtigten sogar, die Gestaltung des Unterrichts mitzubestimmen. Eine gute Zusammenarbeit zwischen Eltern und Lehrerinnen ist somit im Interesse der Kinder dringend erforderlich. Es gibt ein paar Grundregeln, die Ihnen in Ihrer Elternarbeit helfen:

5.1 Regelmäßiger Kontakt

Zwei Elternabende pro Schuljahr sind in den meisten Bundesländern Pflicht. Ich halte dies für zu wenig und habe vier pro Schuljahr durchgeführt, jeweils einen zwischen den Ferienzeiten. Viele offene Fragen können dabei geklärt werden und Missverständnisse durch Information vermieden oder aus dem Weg geräumt werden. Zudem lernen sich die Eltern untereinander besser kennen und der Klassenverband wird enger.

An unserer Schule wurde teils ein Elternsprechtag angeboten, in früheren Jahren fanden zwei pro Schuljahr statt. Manche Kolleginnen hielten den Elternsprechtag für überflüssig, da sie sowieso guten Kontakt zu den Eltern hatten. Für mich persönlich ist der Tag, an dem Sie Sprechzeiten vorher vereinbaren sollten, sinnvoll, da er von allen Beteiligten ernst genommen wird und ein Austausch stattfindet, ohne dass zwingend eine Problemsituation bestehen müsste.

Lobende Worte von Ihnen als Lehrerin können für Eltern sehr erbauend sein. Häufig kommen auch beide Elternteile zu dem Elternsprechtag, gerade auch bei Scheidungskindern kann dies von Vorteil sein.

Zusätzlich gehören Telefongespräche und persönliche Gespräche in der Schule bei Problemen zu den pädagogischen Selbstverständlichkeiten. Sie helfen in der Regel allen Beteiligten und sollten in offener, freundlicher Atmosphäre geführt werden. Bleiben Sie dennoch dabei bestimmt und selbstsicher. Vor allem, wenn Eltern aggressiv auftreten und Sie einzuschüchtern versuchen.

Ich saß einmal einem schreienden Vater gegenüber, der seinen Sohn von mir völlig falsch behandelt sah. Er tobte, aber ich blieb ruhig. Später dankte mir die Familie überschwänglich und herzlich für „mein gutes Händchen" im Umgang mit ihrem Sohn und meine richtigen Einschätzungen. Sie wollten für ihr zweites Kind unbedingt mich als Klassenlehrerin. So schnell und umfassend können sich Meinungen wandeln.

Ich halte es für nicht richtig, nur begrenzte Telefonkontaktzeiten an Eltern weiterzugeben. Manche Lehrerinnen versuchen sogar, ganz ohne die Weitergabe einer Telefonnummer auszukommen, indem sie ausschließlich Nachrichten an die Eltern in „Merkheftchen" hinterlassen. Meiner Meinung nach reicht das nicht. Zudem ist das Schreiben in gesonderte Hefte zeitaufwändig. Nutzen Sie diese Zeit sinnvoller für Ihre Unterrichtsarbeit.

5.2 Regelmäßige Informationen

Es vergeht kaum ein Schultag, an dem nicht ein Informationspapier an die Eltern ausgeteilt wird. Tun Sie dies zuverlässig, Sie ersparen sich damit unnötige Nachfragen, Unsicherheiten und Klagen. Eltern müssen informiert werden, wenn/wann

- Stunden ausfallen,
- sich der Stundenplan ändert,
- Unternehmungen geplant sind,
- Ferienbeginn/-ende ist,
- bestimmte Sachen mitgebracht werden sollen und
- wofür Geld eingesammelt wird.

Kinder lernen dabei zugleich, Informationen weiterzugeben und an die Weitergabe selbst zu denken.

5.3 Elternunterrichtsbesuche

Im Laufe des ersten Schuljahres bot ich den Eltern an, uns im Unterricht zu besuchen und als Zuschauer daran teilzunehmen. Damit möglichst alle Eltern damit einverstanden waren, erläuterte ich auf einem Elternabend zuvor das Vorhaben. Es gab manchmal Bedenken, andere Eltern könnten beim Beobachten zu viel über das Verhalten fremder Kinder erfahren. Im Gespräch konnten die Bedenken zerstreut werden. Das eigene Kind in seinem Verhalten zu beobachten und die gesamte Klasse in der Pluralität des Unterrichtsverlaufes zu verfolgen, vermittelt neue Erkenntnisse, die Schule weniger fremd sein lassen. Unterrichtsbesuche bewirken bei den Eltern positive Einstellungen gegenüber Schule. Respekt und Achtung vor der Lehrerin und ihrer Leistung steigen, ein Verständnis und eine Einsicht hinsichtlich mancher Problemsituation sind die Folge einer Teilnahme am Unterrichtsgeschehen. „Wie Sie das alles schaffen" oder „Ihre Geduld hätte ich nicht" sind typische Elternsätze nach den Besuchen.

Einbeziehung in den Unterricht

Wenn Sie Exkursionen planen, im Kunstunterricht oder beim Kochen in der Schulküche Hilfe brauchen, binden Sie die Eltern aktiv mit ein. Eltern helfen gerne. Ob eine Fahrradtour ansteht, ein Obstsalat zubereitet oder ein Kuchen gebacken werden soll – fragen Sie die Eltern Ihrer Klasse, ob sie mithelfen möchten. Sie selbst können sich allem besser widmen und behalten leichter den Überblick, wenn Sie Kleingruppen mit Eltern bilden. Auch hierbei erfahren die Eltern, wie anstrengend guter Unterricht sein kann.

5.4 Wünsche und Erwartungen an die Eltern

Nicht alle Eltern wissen, was mit der Einschulung ihrer Kinder auf sie als Eltern zukommt. Versuchen Sie deshalb von Anfang an, eine aktive Teilhabe der Eltern am Schulleben ihrer Kinder zu fördern. Ich habe dafür freundliche, aber bestimmte Wünsche und Erwartungen an die Eltern formuliert, die ich den Eltern mit entsprechenden Erklärungen am ersten gemeinsamen Elternabend ausgehändigt habe. Die Punkte können Anstöße zur Diskussion sein, eine Vertrauensbasis zu ihnen herstellen helfen und sehen z. B.wie folgt aus:

1. Informieren Sie sich gut über die Einschulungsmodalitäten und prüfen Sie, dass Ihr Kind nicht zu früh/spät eingeschult wird.
2. Kontrollieren Sie den Ranzen Ihres Kindes nach Informationszetteln aus der Schule.
3. Halten Sie Ihr Kind zu Ordnung in seinen Schulmaterialien und im Ranzen an.
4. Stehen Sie in gutem Kontakt zu den Lehrerinnen.
5. Scheuen Sie sich nicht, bei Unsicherheit und Problemen nachzufragen.
6. Beziehen Sie Stellung, wenn Konflikte auftreten und Ihr Kind Hilfe benötigt.
7. Vertrauen Sie der Klassenlehrerin, wenn Ihr Kind verhaltensauffällig ist/wird.

Auch an dieser Stelle beziehe ich mich auf die Checklisten meiner Autorenkollegen des Sekundarstufenbandes, da in ihnen alle wesentlichen Punkte zum Elternabend und zu Elterngesprächen prägnant zusammengefasst werden.

5.5 Der Elternabend

Zu Beginn eines jeden Schuljahres soll in den meisten Bundesländern innerhalb von sechs Wochen ein Elternabend stattfinden. Die Tagesordnung dieses ersten Elternabends („Klassenpflegschaftssitzung") im Schuljahr ist dabei weitgehend vorgeschrieben:

1. Neuigkeiten aus dem Schulleben (neue Lehrerinnen, Stundenplan, Schulprofil und Konzeptionsänderungen, wichtige Termine für alle etc.)
2. Besprechung der für den Schulalltag wichtigsten Erlasse des Kultusministeriums (Hausaufgaben, Aufsicht, Verlassen des Schulgeländes, schriftliche Arbeiten und Notengebung, Elternrecht)
3. klassenspezifischer Teil, z. B. Rückmeldungen der Eltern bezüglich der ersten Unterrichtswochen sammeln und besprechen, Wahrnehmungen zum Klassenklima austauschen und besondere Vorhaben ankündigen etc. (Vorschläge der Eltern berücksichtigen)
4. falls erforderlich Wahl des Elternbeirats (gewählt wird in den meisten Bundesländern alle zwei Jahre)

Die weiteren Elternabende im Schuljahr samt Einladung und Moderation sind dann Sache der Eltern. Der Klassenlehrer ist zu informieren und soll dazu eingeladen werden. In besonderen Fällen, z. B. bei Elternabenden aus aktuellem Anlass (z. B. Schutz vor Handymissbrauch, Disziplin auf dem Schulhof etc.) kann auch von der Schulleitung oder der Klassenlehrerin eingeladen werden.

Auf diese Dinge sollten Sie beim Einladungsschreiben, bei der Planung und Organisation von Elternabenden achten:

Einladung

- Zum ersten Elternabend im Schuljahr laden Sie als Klassenlehrerin ein.
- Zu den weiteren Elternabenden laden die Elternvertreter der Klasse nach Absprache mit Ihnen ein.
- Die Einladung sollte Folgendes enthalten:
  - Wochentag
  - Datum
  - Uhrzeit für Anfang und Ende
  - Ort (z. B. Raum Nr. 12, Hauptgebäude, 1. Stock links)
  - die Tagesordnung

- Der untere Teil der Seite sollte eine Rückmeldemöglichkeit für die Teilnahme der Eltern enthalten mit der Bitte um Rückgabe bis zu einem bestimmten Datum.
- Fertigen Sie eine Kopie der Einladung für die Fachlehrerinnen Ihrer Klasse und die Schulleitung an.
- Es können auch andere Personen eingeladen werden, wenn sie für das Thema wichtig sind (Klassensprecher, Schulleiter, ein oder mehrere Fachlehrerinnen, Schulpsychologe oder andere Referenten).

Vorbereitung und Organisation

- [ ] Hausmeister verständigen (Termin, Zeitraum, Bestuhlung, evtl. erforderliche Geräte)
- [ ] Tagesordnung mit dem Elternvertreter besprechen
- [ ] die eingeladenen Fachlehrerinnen über das zu erwartende Thema und den Grund für die Einladung informieren, damit sie sich vorbereiten können
- [ ] Einladungen schreiben, kopieren, verteilen und die Rückläufer wieder einsammeln
- [ ] darauf achten, dass der Klassenraum sauber und aufgeräumt ist
- [ ] Tagesordnung sauber an die Tafel oder auf ein Plakat schreiben
- [ ] Tische und Stühle unter Mithilfe einiger Schüler oder des Hausmeisters so stellen, wie Sie es wollen (Sitzordnungen, bei denen jeder die anderen sehen und direkt ansprechen kann [Viereck, Kreis], haben sich bewährt)
- [ ] Namensschilder für die Eltern vorbereiten (Sie können sie selbst schreiben oder die Eltern – mit Druckschrift – schreiben lassen; festes Papier verwenden)
- [ ] Notenbuch und Sitzplan der Klasse mitnehmen
- [ ] Achten Sie auf Ihre Kleidung, denn für die Eltern repräsentieren Sie nicht nur die Lehrerin im Allgemeinen, sondern auch die Klassenlehrerin ihres Kindes. Hier hat noch immer die Kleidung etwas mit Autorität und Respekt zu tun.

Hinweis

Es wäre schön, wenn Sie sich auf den Elternabend freuen und neugierig auf die Eltern sein können, die ja im Grunde das Gleiche wollen wie Sie: die Kinder ein bisschen stärker für das Leben machen.

Den Verlauf planen

- Beim ersten Elternabend ist die Begrüßung besonders wichtig, begrüßen Sie daher die Eltern persönlich mit Händedruck und fragen Sie nach dem Namen. Merken Sie sich möglichst viele Namen und ordnen Sie sie dem Vornamen des entsprechenden Kindes zu.
- Stellen Sie sich den versammelten Eltern noch einmal persönlich vor (gerne mit Humor).
- Ein pünktlicher Anfang ist wichtig, ein pünktliches Ende noch wichtiger.
- Achten Sie auf die Einhaltung der Tagesordnung (Gesprächsergebnisse an der Tafel festhalten).
- Führen Sie eine Rednerliste, damit auch jede Wortmeldung berücksichtigt wird.
- Sollten Sie (wie das in der Praxis doch häufig der Fall ist) die Gesprächsleitung haben, üben Sie Zurückhaltung bezüglich der eigenen Meinung.
- Gehen Sie mit dem „Schwätzen“ (Nebengespräche) der Eltern etwas geduldiger um als in Ihrer Klasse, warten Sie das Ende ab oder beenden Sie es freundlich.
- Lassen Sie persönliche Angriffe auch auf nicht anwesende Personen (z. B. Kolleginnen oder andere Schüler der Klasse) nicht zu.
- Schwierigkeiten einzelner Schüler sind nicht auf einem Elternabend zu diskutieren, sondern gehören in ein persönliches Lehrerinnen-Eltern-Gespräch.
- Beenden Sie den Elternabend offiziell und verabschieden Sie sich auf jeden Fall von den Eltern. Bedanken Sie sich für die engagierte Mitarbeit und die vielen Anregungen und widerstehen Sie der Versuchung, sofort zu verschwinden.

☑ Tipps

- Grenzen Sie die kollegiale Vorstellung ein: Es gibt maximal drei Minuten Vorstellungszeit – auch für Sie selbst.
- „Anwärmen“: Machen Sie eine Vorstellungsrunde mit den Eltern, auch wenn sie sich bereits kennen; dann steigt die Chance, dass sich jemand als Elternsprecher wählen lässt.
- Falls möglich, sprechen Sie im Vorfeld zwei Elternteile an und bitte diese um die Kandidatur zum Elternvertreter. Oder bitten Sie ältere Schüler oder den Klassensprecher ggf. darum, ihre Eltern zu ermuntern.
- Bei Kritik an der Klasse: Nennen Sie immer zuerst etwas Positives, bevor Sie kritisieren.
- Beschreiben Sie Kritik sachlich und bewerten Sie diese nicht.
- Bei Elternkritik und Auseinandersetzungen lassen Sie die Personen ausreden (auch bei absurden Vorwürfen). Gehen Sie dann auf die Gefühle ein (z. B.: „Wenn Sie das so sehen, kann ich Ihren Unmut verstehen.“), und beginnen Sie erst dann – ruhig! – mit der Gegendarstellung.

5.6 Elterngespräche führen

Diese Checkliste gibt Ihnen hilfreiche Tipps für die Planung und erfolgreiche Durchführung von Elterngesprächen:

- Haben Sie einen Raum oder ein Beratungszimmer, das Sie für Elterngespräche nutzen können? Wenn nicht, sprechen Sie mit der Schulleitung darüber.
- Vermeiden Sie möglichst Konfliktgespräche auf dem Flur, in der kurzen Pause oder in einer sonstigen zeitknappen Situation. Machen Sie lieber einen Termin.
- Bereiten Sie den Beratungsraum vor, indem Sie z. B. ein Blümchen auf den Tisch stellen und sich um Mineralwasser oder Kaffee kümmern.
- Lesen Sie die Schülerakte sorgfältig und überlegen Sie sich eine Strategie mit den Schwerpunkten:

  - Wie kann eine gute Zusammenarbeit erreicht werden?
  - Was kann ich anbieten?
  - Wo kann ich durch Entgegenkommen Türen öffnen?
  - Auf keinen Fall: Wie kann ich denen mal kräftig die Meinung sagen?
- Wie wollen Sie das Gespräch beenden, wenn es eskaliert und was soll dann passieren?
- Überlegen Sie sich, ob Sie vielleicht einen Mediator bzw. einen Gesprächsmoderator hinzuziehen sollten und wer dafür in Frage kommt.
- Nehmen Sie die Eltern ernst, versuchen Sie, sie wirklich zu verstehen und würdigen Sie deren Arbeit mit ihren Kindern.
- Vermeiden Sie vorwurfsvolles Verhalten, achten Sie auf Ihre Formulierungen, aber auch auf Mimik und Gestik.
- Klären Sie möglichst ruhig, freundlich und sachlich, wer wofür verantwortlich ist und sein soll.
- Formulieren Sie Regeln für das Gespräch und platzieren diese gut sichtbar im Beratungszimmer:
- Zuhören, nicht unterbrechen oder reinreden (jeder kommt garantiert dran)
  - keine Beschimpfungen
  - Gedanken und Ideen aufschreiben
  - auf eigene Gefühle achten
- Nutzen Sie nach Möglichkeit auch angenehmere Anlässe für ein Elterngespräch (positive Entwicklungen, Lob etc.).

Leitfaden für Elterngespräche

Die folgende Tabelle ist ein hilfreicher Leitfaden für Elterngespräche, der als Erinnerung, Protokoll und auch als schriftliche Vereinbarung (Vertrag) genutzt werden kann:

Gesprächsverlauf	Notizen, Stichworte	Zeit
Freundliche Begrüßung und Würdigung … des Erscheinens zum Termin, Zeitrahmen für Gesprächsdauer vereinbaren, Regeln besprechen		
Darstellung des Sachverhalts aus Sicht der Eltern ruhig und konzentriert zuhören, nicht unterbrechen, Unklarheiten und Ideen aufschreiben		
Darstellung des Sachverhalts aus Sicht der Lehrerin sachlich beschreiben, nicht werten, nicht beschuldigen, Ich-Botschaften verwenden, z. B.: „Es hat mich gekränkt, dass mir die Fähigkeiten zum Umgang mit Kindern abgesprochen worden ist.“		
ggf. Klärung von Missverständnissen, Ursachen und Zusammenhängen Gefühle im Zusammenhang mit dem Vorgetragenen sammeln (Lehrerin fängt an; wenn ihr das ruhig und mit Ich-Botschaften gelingt, folgen die Eltern meistens)		
Lösungsmöglichkeiten überlegen, aufschreiben und besprechen		
Einigung auf einen Lösungsweg mit Zieldefinition Ergebnis festhalten, genaue Beschreibung der Umsetzung kann als „Vertrag“ genutzt und in der Spalte rechts unterschrieben werden		
Kontrolle Zeitrahmen und Termin für Kontrolle festlegen, reicht zunächst telefonisch		
Verabschiedung für das Gespräch bedanken, Würdigung der Mitarbeit		

Claras Nchen

Clara hatte in ihrer Grundschulzeit ein Problem mit dem „n": In fast allen Wörtern, in denen ein „n" vorkam, vergaß sie, es zu schreiben, es fehlte sehr oft. Claras Mutter, eine sehr leistungsorientierte Frau, meinte zu mir: „Claras Hirnchen vergisst das ‚Nchen' immer. Was können wir da tun?" In der Folgezeit haben ich und ihre Mutter immer wieder mit Clara über das „Nchen" gesprochen und sie angehalten, auf das „Nchen" besonders zu achten. Am Ende der Grundschulzeit hatte Clara das „Nchen" in den Wörtern. Wieder einige Jahre später machte sie ein sehr gutes Abitur.

Linktipp

In dem folgenden Link finden Sie einen Beitrag zu konstruktiver Elternarbeit und der Frage, wie Sie Eltern in Schularbeit einbinden können von Korte, Jochen (2005): Aktivierende Elternarbeit in der Grundschule. Zu finden unter http://www.sachsen-anhalt.ganztaegig-lernen.de (→ Bibliothek → Literatur)

6 Unterrichtssituationen und Unterrichtsabläufe

In diesem Kapitel spreche ich Bereiche und Situationen an, die den Schulalltag bestimmen. Der verbindende rote Faden in den Unterthemen ist, dass jedes Thema einen elementaren Bestandteil des Grundschulunterrichts abbildet.

6.1 Rituale

Grundschulkinder mögen Rituale sehr. Sie geben ihnen Sicherheit, Verlässlichkeit und Vertrautheit. Sie helfen, den Schulalltag zu organisieren und besser zu strukturieren. Wie stark Sie ritualisieren, hängt auch von Ihrer Persönlichkeit ab. Strukturiertere Menschen neigen zu mehr Ritualisierung als legere und spontane Personen.

Rituale haben etwas mit Konsequenz zu tun. Je mehr Sie ritualisieren, desto mehr sind Sie an die Einhaltung gebunden. Gerade in der Grundschule können Überraschungs- und Abwechslungsmomente Aufmerksamkeit und Konzentration steigern. Sie sollten eine gute Mischung zwischen Ritualisierung und fantasiereicher Abwechslung Ihres Unterrichts finden. In meinem Unterricht haben sich folgende Rituale bewährt:

Ein gemeinsamer konzentrierter Unterrichtsbeginn

Warten Sie, bis alle Schüler auf ihrem Platz sitzen, zur Ruhe gekommen sind und alle Ranzen an ihrem Platz stehen. Bleiben Sie ruhig vor Ihrer Klasse stehen und zeigen Sie, dass sie zur Begrüßung bereit sind.

In den ersten Klassen müssen Sie häufig helfen, bis alle aufnahmebereit sind. Manche haben ihren Ranzen vor der Tür vergessen, andere suchen ihren Turnbeutel oder sind noch in Gespräche vertieft. Mit konsequenten Blicken können Sie Aufmerksamkeit erreichen oder mit einer klaren Ansprache die Schüler auffordern, ruhig zu sein. Dann begrüßen Sie die Schüler.

Montagsrituale

Bestimmen Sie montags nach der Begrüßung jeweils einen neuen Tafeldienst, einen neuen Ordnungsdienst und einen neuen Blumendienst. Gehen Sie dazu alphabetisch nach der Klassenliste vor: zwei Kinder für den Tafeldienst, zwei für den Ordnungsdienst, zwei für den Blumendienst. So kommen gleichzeitig recht viele Schüler zu einer verantwortungsvollen Aufgabe. Malen oder besorgen Sie drei Kärtchen mit passenden Symbolen für die Dienste, hängen diese an die Pinnwand und pinnen darunter jeweils im Austausch die Namenskärtchen der verantwortlichen Kinder. Im ersten Schuljahr können Sie die Namen noch selbst auf die Karten schreiben, ab dem zweiten Schuljahr sollte jedes Kind selbst seinen Namen auf die Karte schreiben und diese bemalen.

Anschließend lassen Sie die Schüler im Morgenkreis von ihrem Wochenende erzählen. Viele Kinder genießen diesen Moment des Erzählens und Zuhörens und freuen sich auf das Montagsritual.

Ein ritualisierter Unterrichtsabschluss

... ist ebenso wichtig wie ein konzentrierter Anfang. Sie sollten die Uhr im Blick haben und rechtzeitig die Unterrichtsphase zu Ende bringen, um noch Zeit zum Abschluss zu haben. Vor allem in der letzten Stunde ist ein gemeinsames Verabschieden wichtig. Aber auch nach einzelnen Unterrichtsstunden sollten Sie einen geordneten Klassenraum hinterlassen.
Zum geordneten Unterrichtsabschluss gehört das Aufräumen des Tisches, des Platzes, der Klasse und das Wiederholen der Hausaufgaben sowie das Erinnern an Dinge, die für den nächsten Tag mitzubringen sind. Hausaufgaben sollten – wie das Datum – immer an der Tafel stehen ebenso wie die mitzubringenden Dinge (es gibt sehr häufig etwas in der Grundschule mitzubringen). Wenn die Kinder schreiben können, schreiben sie die Hausaufgaben von der Tafel ab, vorher müssen Sie mit Symbolen arbeiten.

Warten Sie am Ende ebenso wie am Anfang, bis alle Schüler ruhig sind und verabschieden Sie sie dann mit einem „Auf Wiedersehen und bis morgen!".

Wenn alles aufgeräumt und besprochen ist und Sie noch ein bis zwei Minuten bis zum Klingelzeichen haben, können Sie eine „Schweigeminute" als Abschlussritual einführen. In der Zeit bis zum Klingelzeichen sprechen die Schüler nicht, räumen nicht und tun einfach nichts, außer zu schweigen. Einige Schüler werden vielleicht Schwierigkeiten mit der Stille haben und kichern oder unruhig werden. Bleiben Sie hingegen ruhig und gelassen. Die Motivation, das Schweigen zu schaffen, wird auf lange Sicht überwiegen. Beim Klingelzeichen dürfen die Schüler aufstehen und den Klassenraum mit Ihrem „Auf Wiedersehen!" verlassen.

Das Geburtstagsritual

Variieren Sie die Geburtstagsgratulationen für jeden Schüler ein wenig, sodass es individuell und besonders bleibt. Das Entscheidende ist, dass das Geburtstagskind mit viel Aufmerksamkeit bedacht wird und es an diesem Tag besonders froh sein kann. Seien Sie kreativ bei den Geburtstagsfeiern, Kinder genießen diese Tage besonders:

- Stellen Sie eine Kerze vor das Geburtstagskind (festes Element jedes Geburtstagsrituals) und gratulieren Sie mit einem herzlichen Händedruck. Ich wünschte den Schülern immer „Alles, alles, alles, alles, alles, alles Gute!" und brachte sie mit der zahlreichen Wiederholung zum Lachen.
- Verschenken Sie als Klassenlehrerin ein Kärtchen mit „Hausaufgabenfrei", das bei Ihnen im Laufe des Jahres eingelöst werden kann.
- Lassen Sie für das Geburtstagskind einen Thron bilden. Dafür formieren sich fünf vom Geburtstagskind ausgewählte Mitschüler so, dass sich zwei als Armlehnen ineinander einhaken, zwei den Thronrücken bilden und einer als Sitz seinen Rücken zur Verfügung stellt, indem er in den Vierfüsslerstand auf den Boden geht. Wenn alle Schüler der Klasse rufen „drei Mal hoch", greifen die fünf Mitschüler das Geburtstagskind unter dem Arm, heben es an und lassen es „hochleben".
- Biegen Sie aus Draht einen riesigen Seifenblasenkreis (Durchmesser mind. 10 cm) und stellen dazu einen entsprechend großen Blumenuntersetzer mit Seifenlauge auf den Tisch. Das Geburtstagskind taucht nun den Drahtkreis in die Seifenlauge, pustet und macht übergroße Seifenblasen.
- Lassen Sie die Kinder zu einer selbst komponierten Melodie einen Kanon singen. Dazu reicht eine einfache Melodie und ein einfacher Text wie „Wir, wir, wir, wir gratulieren dir". Die Kinder setzen in ihren Tischgruppen nacheinander ein, sodass ein mehrstimmiges Stück entsteht. Jeder Tisch singt

einmal „wir", bei dem nächsten „wir" setzt dann der nächste Tisch ein etc. Das „gratulieren dir" wird immer von allen Kindern zusammen gesungen.

- Die Kinder klopfen, klatschen, trampeln und schnipsen als Tischgruppe die Melodie eines bekannten Geburtstagsliedes (am besten: „Zum Geburtstag viel Glück"). Führen Sie mehrere Durchgänge durch, sodass jede Tischgruppe jede Tätigkeit einmal macht.

Adventsrituale

Die Kinder mögen die Adventszeit sehr und mit vielen kleinen Ritualen kann man viele große Lernfortschritte erzielen. Ich habe jedes Jahr eine andere Art Adventskalender mit den Kindern gebastelt. Im Kunstunterricht kann man so viele verschiedene Techniken (Schneiden, Kleben, Falten, Nähen) vermitteln. Der Schwierigkeitsgrad und der Aufwand der Basteleien nehmen mit den Jahren zu:

- Im ersten Schuljahr bekleben die Kinder 24 Streichholzschachteln mit Glanzpapier und Zahlen aus andersfarbigem Papier. Zeichnen Sie die Zahlen und Formen für die Schachteln vor.

- Im zweiten Schuljahr falten die Kinder Tütchen aus Papier, die sie dann zusammenkleben. Abschließend malen sie die Zahlen auf die Tütchen und verzieren sie mit individuell gestalteten Adventsmotiven.
- Im dritten Schuljahr nähen die Kinder Stoffsäckchen mit einfachen Stichen.
- Im vierten Schuljahr nähen die Kinder Filzsäckchen in selbst vorgezeichneten Nikolausstiefelformen und verzieren diese mit weißem Filzband und Filzzahlen, die sie selbst vorgezeichnet und ausgeschnitten haben.

Lassen Sie jeden Schultag im Advent mit demselben Ritual beginnen: Ein Schüler liest eine Adventsgeschichte und/oder trägt ein frei gewähltes Gedicht vor der Klasse vor. Diese Aufgabe kann im ersten und zweiten Schuljahr bei schwachen Lesern auch eine Gruppenarbeit sein, sodass mehrere Kinder die Geschichte oder das Gedicht abwechselnd vorlesen bzw. vortragen.
Wenn Sie die Kinder noch mehr fördern und fordern möchten, lassen Sie sie die Adventsgeschichten selbst schreiben. Das ist eine zusätzliche Leistung, die vielen Kindern Spaß bereitet.

Die Schüler schreiben ihre eigene Adventsgeschichte auf ein DIN-A4-Blatt, verzieren dieses weihnachtlich, rollen es ein und wickeln die Rolle in rotes Krepppapier. Dann kleben sie an die Spitze der roten Krepprolle ein Stück Goldpapier, das in Form einer Kerzenflamme ausgeschnitten worden ist. Die Kinder haben nun eine rote Kerze mit ihrer Geschichte darin. Heften Sie die „Kerzen-Geschichten" aller Kinder zwischen Tannenzweigen kreuz und quer an eine Klassenwand. Bis zu den Weihnachtsferien wird nun jeden Morgen eine Kerze abgenommen und die Geschichte daraus vorgelesen.

Rituale im Deutsch- und Mathematikunterricht

Auch im Deutsch- und Mathematikunterricht gibt es Möglichkeiten, in denen ritualisierte, kleine Lernsequenzen in Form von Spielen, Übungen oder Lernkontrollen eingebaut werden können. Die Schüler kennen die Spiele und Übungsformen und Sie ersparen sich wiederholte Erklärungen. Zudem gestalten die Rituale den Unterricht abwechslungsreicher, gleichzeitig haben die Schüler Sicherheit und Struktur. Ein paar Beispiele aus meinem eigenen Unterricht:

- Lassen Sie zu Beginn einer Mathestunde die Schüler regelmäßig einige Minuten Kopfrechnen. Passen Sie die Aufgaben dem aktuellen Lernstoff an.
- Deutschstunden kann man sehr gut mit Sprachspielen beenden:
  - Die Schüler bilden gemeinsam einen Bandwurmsatz, jeder Schüler hängt lediglich ein Wort an. Der Satz, der bei dieser guten Gedächtnis- und Konzentrationsübung entsteht, muss Sinn ergeben.
  - Die Schüler bilden gemeinsam eine Bandwurmgeschichte. Jeder Schüler sagt einen Satz, sodass eine fortlaufende Geschichte am Ende entsteht.
  - Ein Schüler sagt ein Wort und das Wort des nächsten Schülers muss mit dem letzten Buchstaben des vorherigen Wortes beginnen. Um den Schwierigkeitsgrad zu erhöhen, können Sie auch eine Kategorie vorgeben, aus der die Wörter stammen müssen, wie z. B. Tiere oder Essen.

Verabschiedung in die Ferien

Bevor Sie die Schüler in die Ferien entlassen, stellen Sie sich an die Tür und geben jedem Schüler die Hand mit den Worten: „Auf Wiedersehen und schöne Ferien!"

6.2 Sitzordnung

In der Grundschule ist die Sitzordnung ein Dauerthema, sie wird von den Kolleginnen unterschiedlich bewertet und praktiziert.

Im Wesentlich gibt es drei Möglichkeiten der Tischanordnung:

- Tische nebeneinander in Reihen
- Tische in U-Form, links und rechts eine vertikale Tischreihe und eine am hinteren Ende quer, sodass ein großer Mittelraum entsteht
- Tische mit vier oder sechs Stühlen zu Gruppentischen

Hinweis

Die Sitzordnung ist in der Grundschule ein wichtiges Regulativ und situationsbestimmend, weil sie Sozial- und Arbeitsverhalten, Konzentration und Aufmerksamkeit direkt beeinflusst. Gerade weil Grundschüler in allen genannten Kategorien in der Schule „bei null" anfangen, ist eine gute Klassenraumeinteilung eine der großen Determinanten.

Nach meinen langjährigen Erfahrungen empfehle ich Ihnen zu Schulbeginn die Anordnung in U-Form; nach einigen Wochen ist es sinnvoll, Gruppentische einzurichten.

Die U-Form bietet für Sie bessere Erreichbarkeit der Schüler bei Hilfestellungen und Überschaubarkeit der Klasse. Auch die große, leere Mitte können Sie sehr gut für die Ausbreitung von Unterrichtmaterial nutzen und so die Aufmerksamkeit konzentrieren. Alle Kinder sehen, was in der Mitte steht oder liegt. Sie können wunderbar zeigen, um was es geht, die Schüler können den Mitschülern demonstrieren, vormachen, nachmachen, alle schauen auf das Zentrum. Als Lehrerin haben Sie zudem kurze Wege zu den Tischen und mit einem Stuhl können Sie sich in die offene U-Form vor die Klasse setzen, wenn Sie vorlesen oder erzählen.

Wenn Sie den Eindruck haben, die meisten Ihrer Klasse haben eine Grundarbeitshaltung und etwas Selbstständigkeit erlernt, können Sie Gruppentische einrichten. Auch hier gibt es selbstverständlich Vor- und Nachteile, wobei meiner Meinung nach die Vorteile überwiegen. Nachteilig sind die größere Ablenkungsgefahr am Tisch sowie eine nicht immer frontale Sitzrichtung zur Tafel.

Von Vorteil ist das soziale Miteinander, das gegenseitige Unterstützen und Lernen sowie vielfältigere Arbeitsformen im Team. Gemeinsame Referate und Präsentationen, Gemeinschaftsarbeiten im Kunstunterricht, schnellere Gruppenbildung, Materialausteilung und -ausbreitung auf den Tischen – all diese Punkte gestalten sich einfacher und effektiver.

Die Zusammensetzung der Tischgruppen ist manchmal nicht einfach und kann mit älteren Klassen oft gut besprochen werden. Zu Beginn der Gruppentischsitzordnung sollten Sie überlegen, wer wem guttut und wem nicht.

Vierergruppen sind bei unruhigen Schülern besser als Sechsergruppen, eine Mischung von aktiven und passiven Temperamenten ist sinnvoll. Freunde sollten nach Möglichkeit, wenn ihre Aufmerksamkeit nicht ständig darunter leidet, zusammensitzen dürfen.

In den Klassen drei und vier wollen Jungen und Mädchen häufig nicht mehr an einem Tisch sitzen, sie wollen lieber unter sich bleiben. Ich habe das akzeptiert und auf grundsätzliches Mischen verzichtet. Das bleibt aber jeder Lehrerin selbst überlassen.

Wenn ein Schüler sehr große Probleme mit Konzentration und Aufmerksamkeit an Gruppentischen hat, habe ich ihn auch schon mal, manchmal auf seinen ausdrücklichen Wunsch, an einen Einzeltisch gesetzt, zumindest zeitweise.

→ Hinweis

Wenn möglich, richten Sie in Ihrer Klasse neben den Gruppentischen einen Zusatzgruppentisch ein, der in der Spielecke für Freiarbeit steht. Die Schüler ziehen sich dorthin gerne zurück, wenn sie ihre Aufgaben zeitig erledigt haben.
Auch die Kuschelecke – mit Matratzen und Kissen ausgestattet – lockert die Gruppentischordnung auf und ist eine wichtige Rückzugsmöglichkeit aus der gemeinsamen, konzentrierten Arbeit.

Mit unterschiedlichen Raumangeboten können Sie die in der Grundschule so wichtigen Phasenwechsel gut unterstützen und erweitern.

6.3 Unterrichtsformen

Es gibt viele Varianten, Unterricht zu halten und zu gestalten. In den verschiedenen pädagogischen Unterrichtsratgebern wird eher Verwirrung ausgelöst als Sicherheit vermittelt. Trends werden mit Hartnäckigkeit verteidigt, die gegen jede methodische Vielfalt sprechen, da sie zu einseitig empfohlen werden.

Ich denke da an eine Zeit an unserer Schule, in der bei jedem Unterrichtsbesuch des Studienseminarleiters von der Referendarin eine Stationsarbeit erwartet wurde. War in dem Unterrichtsverlauf keine Stationsarbeit eingebaut, wurde sie negativ bewertet. Zu einer anderen Zeit gab es keine Unterrichtsstunde, die begutachtet wurde, ohne dass ein Wochenplan in der Klasse bearbeitet wurde. Der Wochenplan war zeitweilig das „A und O". Ohne ihn ging nichts in einer guten Schule.

Lassen Sie sich von all dem nicht zu stark leiten und lenken.

Beides sind effektive Unterrichtsformen, die Teamarbeit und Selbstständigkeit fördern. Sowohl die Stationsarbeit als auch der Wochenplan, der nebenbei gesagt gut in die Stationsarbeit zu integrieren ist, gehören zu gutem Unterricht. Aber eben nicht nur und nicht ausschließlich.

Da die Aufmerksamkeits- und Konzentrationsphasen im Grundschulalter kurz vorhalten, sind bewusste Methoden- und Phasenwechsel zwei der wichtigsten didaktischen Prinzipien, um das Interesse der Schüler zu halten. Außerdem werden Sie so den unterschiedlichen Lerntypen gerecht, die manche Unterrichtsformen lieber mögen als andere. Manche lieben Wochenplanarbeit, anderen fällt das lange selbstständige Arbeiten, das mit vielen Entscheidungen verbunden ist, schwer.

Andere üben in Partnerarbeit das Aufeinandereingehen, Zuhören und den Dialog. In der Gruppenpräsentation ermöglichen Sie den Schülern das gemeinsame Erstellen eines Konzeptes, das Herausarbeiten wichtiger Kerninhalte und das Üben der freien Rede.

Frontalunterricht, Partnerarbeit, Gruppenarbeit, Gruppenpräsentationen, Sitzkreis, Stillarbeit – Sie haben viele Unterrichtsformen in der Hand, um die Schüler zu Leistung und Lernerfolgen zu motivieren.

Machen Sie von allen Variationen Gebrauch und überlegen Sie sich, wann welche Arbeitsweise inhaltlich am besten passt. Wechseln Sie die Unterrichtsphasen von Ruhe zu Bewegungszeiten, von Stillarbeit zu Gruppenarbeit, vom Vortrag zur Arbeit mit dem Mathe- oder Sprachbuch. Die Schüler sind neu motiviert und Sie erhöhen mit dem Methodenwechsel die Konzentration.

Frontalunterricht wird meiner Meinung nach häufig zu Unrecht verpönt. Schüler sollten einem Vortrag bzw. einer Erklärung seitens der Lehrerin vor der Klasse durchaus konzentriert folgen können. Auf der kognitiven Leistung beim aufmerksamen Zuhören basieren zeitlebens Aneignungsprozesse von Information und Wissen.

Konzentrationsfähigkeit, Teamfähigkeit, Kommunikationsfähigkeit, Selbstständigkeit – mit abwechslungsreichen Arbeitsformen schulen Sie vielfältige Kompetenzen der Schüler.

6.4 Unterrichtsmaterial

Es gibt kaum etwas, was sich nicht lohnt, im Unterricht der Grundschule gezeigt, betrachtet, erkundet, bearbeitet oder besprochen zu werden. Deshalb ist das Spektrum des Unterrichtsmaterials so riesengroß.

Sätze wie „Wer hat ... zu Hause? Wer kann das mal mitbringen? Was hast du auf deinem Spaziergang gefunden? Wer möchte das den anderen gern mal zeigen?“ sollten zu Ihrem täglichen Wortgebrauch gehören. Stellen Sie in Ihre Klasse einen „Ausstellungstisch“, auf dem regelmäßig „Demonstrationsobjekte“ ausgelegt werden können. Häufig ergeben sich aus den Themen des Sachunterrichts eine Reihe von Exponaten (z. B. Obst- und Gemüsesorten, Getreidearten, Schnecken, Kaulquappen, Larven, Verpackungsmaterial, Müllreste, geometrische Körper aus dem Haushalt etc.).

Grundschulkinder lernen über Anschauung, konkretes Begreifen und Handeln. Machen Sie das Mitbringen, Sammeln und Ausstellen von Dingen bei jedem Thema, vor allem im Sachunterricht, zum Normalfall.

> ☑ **Tipp**
>
> Großes Interesse und Anziehungskraft bewirkt bei den Schülern ein „Zauberteppich", ein rundes, etwa ein Quadratmeter großes Stück Teppichboden. Sobald die Schüler Dinge zum Angucken, Untersuchen, Erklären und Besprechen mitbringen, legen Sie den „Zauberteppich" auf den Boden und setzen sich mit den Kindern um ihn herum. Wichtigste Regel dabei ist, dass niemand den Teppich und die Objekte auf ihm berühren darf.

Auf Schulbücher als Unterrichtsmaterial möchte ich an dieser Stelle nicht näher eingehen, ebenso nicht auf Schreibmaterial bzw. Schulmaterial (Hefte, Ordner, Schere, Kleber) als Basisausrüstung. Sie sind grundsätzliche Begleitinstrumente, deren Einsatz und Umgang zur täglichen Arbeit gehören.

> ☑ **Tipp**
>
> Erinnern Sie die Schüler rechtzeitig und regelmäßig daran, dass Schulmaterial nachgekauft und für den Unterricht vorhanden sein muss. Es kann sehr zeitaufwendig und störend sein, wenn bei Schülern immer wieder etwas fehlt und von Ihnen oder anderen Schülern ausgeliehen werden muss. Schreiben Sie einen Erinnerungssatz regelmäßig an die Tafel!

Zur Bedeutsamkeit der Tafel bzw. des Whiteboards noch ein paar Anmerkungen:
Neben dem Gebrauch als Informations- und Übungsfläche können Sie die Tafel auch viel von den Schülern nutzen lassen. Ich habe die Tafel immer wieder als Schreib- und Malfläche für die Schüler freigegeben, ohne dass diese einen besonderen Auftrag hatten. Wir konnten so viele schöne, bunte Tafelbilder bewundern und die Schüler hatten einen vertrauten Umgang mit der Tafel.

Zu den obligatorischen Unterrichtsmaterialien zähle ich ebenso den Computer. Auch in der Grundschule ist der Umgang mit dem Computer unverzichtbar und sollte zu den Basiskulturtechniken gezählt werden. Aber: Der Computer sollte eines von vielen Arbeitsmedien sein und nicht die Nutzung anderer Arbeitsmethoden ersetzen.
Kinder im Grundschulalter sollen die fünf Sinne gebrauchen, schulen, verfeinern und weiterentwickeln. Dabei kann der Computer einengend wirken. Zudem ist Bewegung für Grundschulkinder eine grundlegende Notwendigkeit zur physischen und psychischen Entwicklung. Zu langes und häufiges Sitzen vor dem Computer bewirkt genau das Gegenteil.

Dem weitverbreiteten, häuslichen Zuviel an Computernutzung sollte die Schule entgegenwirken. Passen Sie auf, den Gebrauch in der Schule nicht zu potenzieren, sondern die Vorteile des Computers zu nutzen: Recherche im Internet, Anwendung von Kindersuchmaschinen für Referate, vor allem für Themen aus dem Sachunterricht, Lernspiele kennenlernen, den Umgang mit Textprogrammen fördern. Gerade die Gestaltung von verschiedenen Textformen in Schriftart, Größe und Farbe kann gut in Schülertexte integriert werden. Behalten Sie den Wechsel zwischen Handschriftlichem und Computertextdruck im Blick. Die Übung der Handschrift und das flüssige Schreiben sind wichtig für das Verinnerlichen von Gedankengängen und damit weit mehr als „nur" das Training einer Kulturtechnik.

Allgemein fördert die Nutzung verschiedener Medien in der Grundschule die Motivation der Schüler. CD-Player, Filmgerät und Beamer machen den Unterricht interessant. Im Musikunterricht gehören CDs mit Liedern, Tänzen und Instrumentalstücken – auch Klassik ist Teil des Curriculums – zum Standardrepertoire ebenso wie Videofilme – oft mit Bezug zu Sachunterrichtsthemen – oder der Gebrauch des Beamers für Internetinformationen und/oder Klassenfahrtfotos.

Tipp

Machen Sie es sich zum Grundsatz: Bevor Sie in der Klasse und/oder vor den Eltern ein technisches Gerät einsetzen, probieren und testen Sie, ob Sie das Gerät bedienen können und es in Ordnung ist. Ein verzweifeltes Herumhantieren, wenn der Einsatz nicht funktioniert, ist für alle frustrierend und unangenehm. Sie können es sich ersparen.

Nicht unerwähnt bleiben darf Mimi. Unverzichtbar in der Grundschule ist eine Figur wie sie.

Bezugsperson, Maskottchen, Klassenkameradin – Mimi war alles. Unsere Mimi war eine Maus. Mimi kann aber auch ein anderes Wesen sein und anders heißen. Hauptsache, es gibt sie in irgendeiner Form. Mimi ist mit mir durch die Schuljahre gewandert. Sie wird von mir stellvertretend für andere Klassenmaskottchen erwähnt, die dieselbe wichtige Funktion haben. Mimi ist eine von vielen Schulhandpuppen.

Kennengelernt habe ich sie als Handpuppe mit der bereits erwähnten Fibel für ein erstes Schuljahr. Als Handpuppe kam sie bei der Einschulung aus meiner Lehrerschultüte heraus und hat die Kinder vier Jahre lang begleitet. Jeden Morgen habe ich mir etwas anderes mit Mimi ausgedacht. Sie hat mit uns gerechnet, an der Tafel Buchstaben gelernt und geschrieben, sie hat sich versteckt, sie wurde in den Sportunterricht und zu Wanderungen mitgenommen. Und nach Schulende durfte sie jeden Tag zu einem anderen Kind mit nach Hause. Was sie dort erlebte, wurde am folgenden Tag stolz von den Kindern berichtet.

Am meisten Freude hatte Mimi in einem großen Schwungtuch. Wenn sie, von den Kindern mit aller Kraft am Tuch gezogen, hoch in die Luft schleuderte und in hohem Bogen zurück ins Tuch (oder auf die Wiese flog), war der Spaß riesig.

Tipp

Finden Sie eine Handpuppe für Ihre Klasse, geben Sie ihr einen Namen und binden Sie die Figur in den Unterricht ein. Einen besseren Aufmerksamkeits- und Konzentrationsverstärker gibt es kaum.

Kein Computer für Yvonne

Yvonne mag Computer nicht. Sie ist das einzige Kind, das ich kenne, das weint, wenn sich die Klasse im Computerraum an die Computer setzen. Stumm und mit Tränen in den Augen sitzt sie davor und verweigert die Mitarbeit. Die Eltern bestätigen mir, dass sie auch zu Hause nichts am Computer macht. Ich akzeptiere ihre Abneigung und lasse sie in der Zeit andere Aufgaben erledigen.

6.5 Konfliktsituationen

Konfliktsituationen in der Schule gibt es mit Schülern, mit Eltern und mit Kolleginnen. Bei schwerwiegenden Problemen, vor allem in größeren Schulen, stehen Mediatoren und Schulpsychologen zur Seite, im „normalen" Konfliktfall sind Sie als Konfliktlöserin gefragt.

Schülerkonflikte

Schülerstreitigkeiten gibt es jeden Tag und je jünger die Kinder sind, umso mehr bitten sie dabei um Ihre Hilfe. Die Größeren versuchen oft, den Konflikt selbstständig zu klären. Wenn Sie Prügeleien sehen, sollten Sie auf jeden Fall eingreifen, damit eine weitere Eskalation verhindert wird. Die Schüler erwarten zu Recht, dass Sie hinhören und sich in Ruhe den Sachverhalt erklären lassen, sie erwarten auch Gerechtigkeit von Ihnen.

Um Schülerstreit zu schlichten, haben sich bei mir die bereits erwähnten „Zauberwörter" „Bitte aufhören!" bewährt. Sie haben eine erstaunliche Wirkung. Kam es zu einem Streit zwischen den Schülern, fragte ich zunächst immer: „Hast du auch ‚Bitte aufhören!' gesagt?" Die Frage gab den Kindern Anstoß zum Nachdenken. Wenn es um Beleidigungen und Verletzungen geht und Sie im Klärungsgespräch sind, ist es für die kindliche Reflexion hilfreich, die Situation umzudrehen: „Stell dir vor, man hätte dir so etwas gesagt" oder „Stell dir vor, man hätte dir so wehgetan". Es ist unerlässlich, dass Sie die Kinder zum Nachdenken über eigenes Handeln anregen.

Ein weiteres „Zauberwort", das Kinder positiv beeinflusst, ist das kleine Wort „Tabu". Wenn Sie als Klassenlehrerin das Wort „Tabu" aussprechen, dürfen die Kinder das damit gemeinte Objekt oder den räumlichen Bereich nicht anfassen, berühren oder betreten (z. B. den Zauberteppich). „Tabu" kann helfen, Konflikte zu vermeiden.

Einfache Lösungswege in einem Konfliktfall im Klassenraum sind das Auseinandersetzen der Streitenden, ein Tischwechsel und die Aufforderung, sich aus dem Weg zu gehen. Das Wichtigste nach einem Streit zwischen den Schülern ist das gegenseitige Entschuldigen, das mit einem Handschlag besiegelt wird.

Elternkonflikte

Das Kapitel „Elternarbeit" soll Ihnen helfen, Elternkonflikte zu vermeiden. Ganz lässt sich das sicher nicht erreichen. Sie können als Lehrerin selbst viel dafür tun, indem Sie ein offenes Ohr für die Probleme der Eltern haben, sich Zeit nehmen und Transparenz in Ihrer Arbeit zeigen. Je mehr Sie den Eltern sagen, was und warum Sie das im Unterricht so tun, deso mehr Verständnis können Sie erfahren. Schwerwiegende Elternkonflikte lassen sich meist nur gemeinsam mit der Schulleitung besprechen.

Kolleginnenkonflikte

Für Konflikte mit Kolleginnen gilt ebenso: Je gravierender der Konflikt, desto besser ist es, eine gemeinsame Lösung mit der Schulleitung zu suchen. Im Übrigen sind auch hier Offenheit, frühzeitiges Ansprechen von Meinungsverschiedenheiten und eine Lösungsfindung im Sinne der Schüler ratsam, wenn diese Inhalt des Konfliktes sind. Manchmal geht es um Kompetenzstreitigkeiten, deren Regelung oft die Kompromissbereitschaft aller Beteiligten auf die Probe stellen.

Der Paul–unter–dem–Tisch–Tag

Paul hatte in den ersten beiden Schuljahren soziale Probleme. Er war leicht beleidigt, wütend auf alles und jeden und wusste sich schnell nicht mehr zu helfen. Er steigerte sich in seine Gereiztheit immer weiter hinein, bis er sich zum Schluss in die hinterste Ecke unter einen Tisch verkroch, der an einer Wand stand, aus der ihn zunächst niemand herauszuholen vermochte. Nicht mit guten, nicht mit drohenden Worten, Paul blieb unter dem Tisch zusammengekrümmt und schmollte. Das passierte alle paar Wochen und nach Gesprächen mit seinen Eltern verblieben wir so, dass Paul selbstständig wieder unter dem Tisch hervorkrabbeln durfte, wenn ihm wieder danach war. Es war für alle die beste und zeitsparendste Lösung. Die Mitschüler akzeptierten es, Paul konnte auch unter dem Tisch dem Unterricht in der Regel folgen und ich behielt die Nerven. Alle vier bis sechs Wochen war ein „Paul–unter–dem–Tisch–Tag". Meist tauchte er nach einer Schulstunde wieder auf. Irgendwann brauchte er „seinen" Tisch nicht mehr und kam anders mit seinen Gefühlen klar.

6.6 Hausaufgaben

In der Grundschule sind die Hausaufgaben ein endloses Thema. Dabei geht es um das Pensum und die Zeit. Für Ganztagsschulen und Schulen mit Hortanbindung wird sich das Thema „Hausaufgaben" anders gestalten, da es eher in die Schulzeit eingebunden ist und die Eltern weniger Einfluss darauf haben. Bei herkömmlichen Regelschulen haben vor allem Erstklässler Schwierigkeiten bei Hausaufgaben, weil ihr Arbeitstempo so extrem unterschiedlich ist. Auch im zweiten Schuljahr werden Sie wahrscheinlich häufig die Eltern klagen hören „Mein Kind sitzt den ganzen Nachmittag / stundenlang an den Hausaufgaben" oder „Wir hatten heute eine Riesenauseinandersetzung wegen der Hausaufgaben".
Mit solchen und ähnlichen Aussagen werden die Eltern auf Sie zukommen. Sie sollten diese Probleme ernst nehmen und Kindern und Eltern helfen, anstatt auf die Erledigung der gestellten Aufgaben zu bestehen.

Sagen Sie den Eltern, dass sie eine kurze Bemerkung unter die Hausaufgaben schreiben können wie „Greta hat heute wieder zwei Stunden an den Hausaufgaben gesessen, sie konnte nicht mehr". Sprechen Sie in Ruhe mit den Eltern darüber, fragen Sie, woran es liegen könnte, wenn solche Fälle häufiger auftreten. Oft haben die Kinder Tempo- und Zeitprobleme, die unkonzentriert, leicht ablenkbar und unruhig sind. Wenn die Kinder ihre Arbeit ständig unterbrechen, aufstehen oder zwischendurch rumspielen, muss die Arbeitshaltung – ebenso wie in der Schule – geduldig eingeübt werden. Manche Kinder sind auch motorisch noch sehr ungeübt und können einfach nicht schneller schreiben. Druck bewirkt eher Verweigerung, kleine Belohnungen sollten eine Ausnahme bleiben, können aber in der Situation hilfreich sein. Leider sind es oft die Kinder, die Übung am nötigsten brauchen, die langsam arbeiten. Der Lehrersatz „Macht die Aufgaben zu Hause fertig" ist gängig und meist auch sinnvoll. Leider potenziert sich so der Leistungsunterschied: Wer in der Schule sehr wenig erarbeitet hat, muss zu Hause umso mehr Zeit aufbringen.

So entsteht die große Zeitdifferenz, die subjektiv zu betrachten ist. Die Flotten sind in zehn Minuten fertig, die Langsameren brauchen eine Stunde für denselben Arbeitsumfang. Da sind Augenmaß und ein Mittelweg gefragt.

Wenn sich nahezu alle Kinder und Eltern beschweren und dies immer wieder, sind Sie es, die sich hinterfragen und das Hausaufgabenpensum reduzieren müssen. Das kommt nicht selten unter Lehrerinnen vor.

Ich persönlich halte ein gewisses Maß an Hausaufgaben durchaus für sinnvoll, weil Übungsphasen gerade in den ersten Schuljahren oft zu kurz kommen und sie zu Hause nachgeholt werden können. Warum nicht nachmittags ein paar Rechenaufgaben üben oder ein paar Sätze schreiben, anstatt fernzusehen oder Computer zu spielen? Es sollte nur in einem zeitlich angemessenen Rahmen bleiben.

6.7 Bibliothek (Bücherei)

Interesse an Büchern zu wecken sowie Umgang mit ihnen zu lehren und zu fördern, sind für mich Grundprinzipien pädagogischer Arbeit und heute wichtiger denn je, da die technischen Medien starke Konkurrenten sind, die die Kulturtechnik des Lesens im klassischen Sinne aber nicht ersetzen. Viele Kinder finden immer noch Freude am Lesen von Kinderbüchern, seien es Sachbücher oder Belletristik.
In meinen Klassen boten sich den Schülern drei Möglichkeiten, den Zugang zu den Büchern zu fördern, bei manchen Schülern ihn erst überhaupt zu ermöglichen.

Klassenbibliothek

Lassen Sie schon im ersten Schuljahr von den Schülern Buchspenden von zu Hause mitbringen, bis eine kleine Klassenbibliothek in Ihrem Klassenraum entstanden ist. Jeder Schüler hat in seiner Freizeit freien Zugang zu den Büchern und kann täglich darin lesen oder diese nach Wunsch ausleihen.

Schulbibliothek

Die wöchentliche Ausleihe von Büchern aus der Schulbibliothek sollte in Ihrer Klasse zur Selbstverständlichkeit werden. Sicherlich werden manche das Angebot mehr wahrnehmen, andere weniger. Es ist sehr anregend für die Kinder, wenn sie untereinander über die Bücher sprechen können. Nutzen Sie die Schulbibliothek nicht nur, um Bücher auszuleihen, sondern halten Sie auch gemeinsame Lesestunden in den Räumen ab. Allein die Atmosphäre einer Bücherei kann Inspiration und Motivation sein.

Stadtbibliothek

Ein Unterrichtsgang in die Stadtbibliothek sollte spätestens im zweiten Schuljahr auf dem Lehrplan stehen. Kinder, die zu Hause keinen Zugang zu Büchern haben und nicht zum Lesen angehalten werden, finden hier oft einen Anreiz und lernen bei Interesse die Möglichkeit der Ausleihe kennen. Das Schmökern in den Kinderbuchecken hat so manche Lesemotivation gebracht.

> **Ole und die Römer**
>
> Ole war ein interessierter, intelligenter Schüler und bis auf einige legasthenische Schwächen auch ein guter Deutschschüler. Er war ein passionierter Leser. In all den Grundschuljahren lieh er sich sehr regelmäßig Bücher aus der Klassen- sowie aus der gut ausgestatteten Schulbücherei aus. Aber es waren immer Sachbücher, nie auch nur ein einziges anderes Genre, keine Geschichten über Kinder, Tiere, Fußball oder Abenteuer. Ole war nur interessiert an Sachbüchern mit Wissensinformationen, davon aber an allem, was er bekommen konnte. Das Sachbuch über die Römer lieh er sich bestimmt sechsmal aus.

6.8 Schulgarten

Jede Grundschule, die einen eigenen Garten besitzt, bietet damit Schülern ein großes Motivations- und Betätigungsfeld an. Der klassenweise Einsatz zum Jäten, Säen, Pflanzen, Gießen und Ernten ist für Grundschüler ein Aufgabenbereich, der neben gärtnerischem Können und botanischem Wissen auch soziale Kompetenzen, Absprachen, Teamarbeit und Selbstständigkeit entwickelt und fördert.

Wenn Sie die Möglichkeit einer Gartenarbeit in der Schule haben, nutzen Sie sie. Sie werden staunen, wie selbstständig und motiviert einige Kinder (nicht alle) dabei Interesse zeigen und wie verantwortlich sie die Pflege übernehmen.

An unserer Schule übernahm jeweils das dritte Schuljahr die Jahresgartenpflege. Hauptsächlich im Sachunterricht planten, bearbeiteten und ernteten wir. Wenn das Wachstumsstadium erreicht war, schickte ich meist einige Kinder, die sich freiwillig dazu meldeten, zum Gießen oder Jäten zwischendurch aus dem Unterricht.

Verwerten Sie das geerntete Obst, Gemüse und den Salat in der Schule. Gemeinsames Zubereiten von Essen in der Schulküche macht den Schülern großen Spaß, trainiert beim Schälen und Schneiden die Feinmotorik und fördert viele Sozialkompetenzen. Obstsalat, Kartoffeln mit Kräuterquark, Gurkensalat, Eintopf – vieles ist selbst mit jüngeren Kindern machbar. Wenn der Schulgarten sehr üppig wächst, können die Kinder die Ernte auch mit nach Hause nehmen.

6.9 Pausen

Die Art der Pausengestaltung hängt von der Lage und den Angeboten der Schule ab.
Grundsätzlich wichtig sind aber, gerade in den Anfangsklassen, häufige, kleine Pausen, die Sie zeitlich selbst bestimmen können. Wenn Unterrichtsphasen zu Ende sind und Sie bemerken bei einigen Schülern Müdigkeit und Unkonzentriertheit, sind kurze Pausen angebracht. Hibbelige und unruhige Kinder können Sie auch zwischendurch mal „drei Runden um den Schulhof" laufen lassen. Einige Kinder brauchen das und kommen entspannter zurück.

☑ **Tipp**

Richten Sie für die kleinen Pausen zwischendurch in Ihrer Klasse eine Spieleecke ein: Dort kann eine Kiste mit kleinen Sportgeräten (z. B. Bälle, Seile, Indiaka etc.) bereitstehen und eine Spielesammlung zusammengestellt sein (teils von den Kindern von zu Hause mitgebracht). In ihren freien Zeiten können die Schüler die Angebote immer nutzen.

Die großen Pausen sind in der Grundschule fast so wichtig wie der Unterricht, weil Grundschulkinder großen Bewegungsbedarf haben – die einen mehr, die anderen weniger – und so sollte jedem Schüler Rennen und Toben möglich sein. Bewegung baut Spannung und Stress ab und fördert gleichzeitig die Motorik.

Schulhöfe sind heutzutage meist recht vielseitig gestaltet, sodass neben der Nutzung üblicher Kleingeräte (große Auswahl in entsprechenden Katalogen verschiedener Verlage) das Klettern, Springen und Laufen ebenso wählbar sind wie im Sand buddeln oder Tischtennis spielen.

An unserer Schule hatten wir einen sportlichen Pausenschwerpunkt, der ausgesprochen gut bei den Kindern ankam: das Fußballspiel. Fußballspielen ist eines der beliebtesten Bewegungsspiele bei Grundschülern. Im regulären Sportunterricht ist es ebenso verbreitet wie in Fußball-AGs.

In unserer relativ kleinen Schule (ca. 160 Schüler) wird Fußball auch in den großen Pausen auf einem abgesteckten Platz mit improvisierten Toren und offiziellen Pausenfußballregeln gespielt.
Erstklässler mit und gegen Zweitklässler in der ersten, Drittklässler mit und gegen Viertklässler in der zweiten Pause (oder umgekehrt) spielen bei Wind und Wetter und nicht nachlassendem sportlichen Ehrgeiz. Bei starkem Regen und winterlichen Verhältnissen wird das Spiel auf „Tore schießen" reduziert. Geduldig stehen bis zu zwanzig Schüler in einer Reihe und warten auf „ihren" Schuss, wenn sie Pech haben manchmal nur einen pro Pause.

Ein Eingreifen der Aufsicht führenden Lehrerin ist nur selten erforderlich, da die Freude am Spiel dominiert und diszipliniert. Sofern kein Fußballfeld an Ihrer Schule besteht, werden Sie initiativ eines einrichten; am Spaß der Kinder daran werden Sie sich freuen.

Annabell Fußballstar!

Wie konnte Annabell Fußball spielen! Sie spielte fast alle Jungen an die Wand und erhielt von Jungen und Mädchen gleichermaßen größte Bewunderung. In jeder Pause, bei jedem Spiel war sie dabei und ihre Torschüsse waren grandios. Ich wüsste gerne, was aus ihrem Talent geworden ist.

7 Klassenarbeiten, Korrekturen und Notengebung

7.1 Klassenarbeiten

Ein Blick in die Bildungsforen und die Schulverordnungen der Länder macht schnell deutlich, wie vielfältig, verschieden und teilweise unüberschaubar die Regelungen zu Klassenarbeiten in der Grundschule sind. Allein die Bezeichnungen – Lernkontrollen, Vergleichsarbeiten, Orientierungsarbeiten etc. – variieren und haben unterschiedliche Bedeutungen. Eine einheitliche Umgangsweise mit dem Thema „Klassenarbeiten" erscheint illusorisch.
Daher möchte ich mich zunächst auf meine praktischen Erfahrungen beschränken und kann Sie nur darauf hinweisen, sich die Verordnungen der Kultusministerien anzuschauen und sich die Richtlinien Ihrer Schule aushändigen zu lassen.

Klassenarbeiten sind per se kein allzu beliebtes Thema. Dennoch haben Sie als Lehrerin einen beachtlichen Einfluss darauf, wie die Schüler dazu stehen und damit umgehen. Sie können Angst erzeugen und schüren oder Angst nehmen und entkräften.
Versuchen Sie, den Schülern die Anspannung und Angst vor den Klassenarbeiten zu nehmen, indem Sie selbst eine entspannte Haltung dazu einnehmen.
In der Grundschule legen Sie den Grundstein zu Leistungsnachweisen. Hier werden die ersten Tests, Lernkontrollen und Klassenarbeiten geschrieben und beurteilt. Je unbefangener, aber dennoch konzentriert, die Schüler an ihre Arbeiten herangehen lernen, desto erfolgreicher kann das Ergebnis sein. Setzen Sie sich zum Ziel, Zuversicht und Selbstvertrauen auf- und Selbstüberschätzung sowie Überheblichkeit abzubauen.
Die Eltern spielen in der Grundschule eine wesentliche Rolle in der Einstellung der Kinder zu schriftlichen Arbeiten. Angst vor der Reaktion der Eltern ist ein bekannter Negativeinflussfaktor bei Grundschülern. Versuchen Sie, das auf einem der ersten Elternabende klarzumachen und auf positives Feedback einzuwirken.

Ein grundlegendes Problem wird bei Klassenarbeiten immer bestehen bleiben, und zwar das des unterschiedlichen Arbeitstempos. Manche Schüler schreiben schnell, fließend und zügig, andere hingegen benötigen unendlich viel Zeit für dasselbe Pensum. Dieses nicht zu lösende Problem erschwert Ihnen die Erstellung und Durchführung von passgenauen Diktaten und Mathearbeiten.

Sie können dem Problem als Lehrerin nachsichtig oder rigide begegnen. Ich halte Nachsicht und Rücksicht auf langsam arbeitende Schüler für wichtig. Sie sollten diese Kinder dennoch immer wieder dazu anhalten, ihr Tempo zu steigern. Das erfordert Empathie und Geduld.

Führen Sie in der ersten Klasse die Schüler ganz behutsam an Leistungskontrollen heran.

Eine Klassenarbeit muss mindestens fünf Tage vorher angekündigt werden und Form und Inhalt bekannt gegeben werden, so steht es in den Schulordnungen. In der Grundschule gibt es allerdings viele Ausnahmen und andere Konzepte mit pädagogischer Begründung. So können auch kleine Leistungskontrollen ohne Ankündigung geschrieben werden, vor allem wenn noch keine Benotung erfolgt. Sie bringen Ihnen bessere Ergebnisse zur Beurteilung des Leistungsstandes der Klasse.

Wie lang darf ein Diktat sein?

- Beginnen Sie mit kleinen Übungsdiktaten in Deutsch, die zunächst aus ca. zehn kurzen Wörtern bestehen. Vermitteln Sie den Schülern dabei Normalität, es soll keine besondere Situation für sie sein. Sagen Sie, es sei für ihre eigene Kontrolle, dass sie wissen, wie gut sie die Wörter schreiben können.
- Lassen Sie Ihre Schüler ruhig öfter ein paar Worte als Diktat schreiben. Dabei müssen Sie das Wort „Diktat“ gar nicht gebrauchen, sagen Sie einfach: „Wir schreiben jetzt mal wieder ein paar Wörter, die ich euch diktiere.“ Je selbstverständlicher und häufiger von Ihnen diktiert wird, desto harmloser ist es für die Schüler.
- Am Ende des ersten Schuljahres sollten die Schüler ca. 20 Wörter als Diktat schreiben können. Das können, je nachdem wie viele Buchstaben bereits eingeführt wurden, auch kleine Sätze sein.
- Ab dem zweiten Schuljahr steigert sich die Anzahl der Diktatwörter auf bis zu etwa 50 Wörter, im dritten auf bis zu 75 und im vierten auf bis zu 100

Wörter. Gegen Ende der vierten Klasse sollten die Diktate etwa 120 bis 130 Wörter umfassen.

- Die Angaben des Wortumfangs bei Diktaten sind abhängig vom Bundesland und Schulgebiet und auch von der Einstellung der Lehrerin. Ich halte ein Anstreben der oberen Wortanzahl für sinnvoll, da Sie Ihre Schüler so gut auf weiterführende Schulen vorbereiten. Als Ausgleich für schwächere Schüler habe ich mitunter den Notenspiegel verändert und die Fehlerquote etwas nach oben verschoben.
- Von den Eltern erhielt ich positive Rückmeldung, da die Kinder meist gut in den weiterführenden Schulen abschnitten. Das sind Freiheiten, die Sie sich mit entsprechendem Selbstbewusstsein und einer gewissen Sicherheit nehmen können.
- Schreiben Sie Ihre eigenen Diktattexte, die einen Bezug zu der Klasse haben. Entweder Sie schreiben eine kleine Geschichte über die Klasse, in der Sie die Namen von Kindern aus der Klasse einsetzten, oder Sie schreiben einen Text über die Klassenlektüre, die Sie gerade zusammen lesen. Wenn Sie ein gemeinsames Klassenerlebnis (z. B. Unterrichtsbesuche) haben, können Sie daraus ebenfalls gut ein Diktat machen. Die Schüler werden dabei meist Spaß am Text haben, da ihnen der Inhalt vertraut ist und sie ein wenig von der Leistungssituation ablenkt.

Wie diktieren Sie das Diktat?

- Damit die Schüler den Sinn des Textes erfassen, lesen Sie zunächst den kompletten Text einmal vor. Anschließend beginnen Sie mit dem ersten Satz. Lesen Sie ihn deutlich, betont und langsam vor. Beginnen Sie nun, den Satz langsam zu diktieren, indem Sie immer ein paar Worte zusammenfassen, die Sie ein- bis zweimal wiederholen, dann diktieren Sie die nächsten Worte in möglichst sinnvolle Abschnitte gegliedert. Versuchen Sie, mit guter Betonung und passenden Sprechtakten die Schreibweise zu verdeutlichen.
- Ganze Sätze sind oft zu lang und die Kinder sind überfordert, wenn sie sich so viel merken müssen. Diktieren Sie daher immer nur drei bis vier Wörter.
- Ist ein Satz zu Ende diktiert, lesen Sie den nächsten Satz im Ganzen vor und diktieren ihn wie beschrieben.
- Am Ende des Diktates lassen Sie den Schülern Zeit zu einer ersten Selbstkontrolle. Anschließend lesen Sie das vollständige Diktat noch einmal langsam und gut betont vor.

- Vereinbaren Sie, dass ein Schüler „Stopp!“ sagen darf, wenn er einen Fehler gefunden hat und ihn verbessern möchte. Halten Sie dann inne und geben Sie Zeit zum Verbessern.
- Nach dem Vorlesen geben Sie den Schülern Zeit zu einer zweiten Selbstkontrolle. Die Schüler lesen sich den Text noch einmal alleine durch, um mögliche Fehler zu finden und zu verbessern.

Geschichten schreiben

Früher nannte man es „Aufsätze schreiben“, heute werden vielfältige Textbenennungen dafür gebraucht. Die Kinder schreiben Erlebniserzählungen, Fantasiegeschichten, Nacherzählungen, Inhaltsangaben, Schilderungen, Berichte und Beschreibungen (Sachbeschreibung, Personenbeschreibung), die nach unterschiedlichen Beurteilungskriterien bewertet werden.
Informieren Sie sich an Ihrer Schule, welche Formen von Deutscharbeiten in welcher Anzahl geschrieben werden müssen. Leider existiert auch hier eine unübersichtliche Konzeptvielfalt, mit der jede Schule anders umgeht.
Deshalb beschreibe ich im Folgenden meinen persönlichen Umgang mit Klassenarbeiten im Deutschunterricht, der von anderen Schulkonzepten abweichen kann, sich aber während meines Unterrichtens bewährt hat.
Meiner Meinung nach ist es wichtig, eine Mischung von verschiedenen Aufgabenformaten zu finden, sodass Sie die Vielseitigkeit des Schreibens fördern und die unterschiedlichen Fähigkeiten der Schüler dabei berücksichtigen.

- Im ersten Schuljahr beschränkten sich meine Klassenarbeiten auf kleine Wortdiktate, gegen Ende des ersten Jahres, wie beschrieben, auf kleine Satzdiktate ohne Benotung.
- Im zweiten Schuljahr ließ ich hauptsächlich Diktate schreiben, im zweiten Halbjahr auch ein bis zwei kleine Geschichten.
- Im dritten Schuljahr habe ich neben den Diktaten auch Erlebnisgeschichten und Fantasiegeschichten als Klassenarbeiten schreiben lassen.
- Im vierten Schuljahr waren die Hälfte der Arbeiten Diktate, die andere Hälfte eigene Texte, davon abwechselnd Erzählungen oder Nacherzählungen und Beschreibungen einer Person/Sache oder eines Vorgangs.

Unterschiedliche Prosatexte berücksichtigen die unterschiedlichen Fähigkeiten der Schüler und ermöglichen eine differenzierte Diagnose ihrer sprachlichen Leistung. Es gibt Kinder, die in einer fantasiereichen, detailreich-blumigen und ausschweifenden Sprache schöne Geschichten schreiben und andere, die kurz, prägnant und klar einen Vorgang darstellen können. Beiden „Schreibtypen" sollten Sie im Deutschunterricht gerecht werden.

Mathematik

Beginnen Sie im Mathematikunterricht mit kleinen Lernkontrollen mit Punktebewertung (siehe auch das Kapitel 7.3 „Notengebung"). Dem jeweiligen Schuljahr angepasst wird die Aufgabenanzahl gesteigert. Ich rate Ihnen, sich bei Mathearbeiten zunächst an den Konzepten von Parallelklassenlehrerinnen zu orientieren bzw. sie gemeinsam abzusprechen, da eine gewisse Erfahrung nötig ist. Die Anzahl von Aufgaben ist abhängig von der Aufgabenart. Additions- und Subtraktionsaufgaben im ersten Schuljahr sind schneller und einfacher zu lösen als schriftliche Additions- und Subtraktionsaufgaben im vierten Schuljahr. Grundsätzlich sollte mindestens eine Sachaufgabe in den Lernkontrollen vertreten sein. Eine grobe Regel besagt, dass ab dem zweiten Schuljahr zwei Drittel der Aufgaben Rechen- und ein Drittel Sachaufgaben sind. Auch dies hängt vom jeweiligen Mathestoff ab.
Setzen Sie die Sachaufgaben am besten an den Schluss einer Lernkontrolle, da sich gerade hier ein großer Unterschied im Arbeitstempo zeigt.
Das variierende Arbeitstempo ist einer der wichtigen Aspekte im Matheunterricht und sollte unbedingt bei der Zusammenstellung der Leistungskontrolle berücksichtigt werden. Sie sollten den Aufgabenumfang so konzipieren, dass möglichst alle Schüler die Anzahl der Aufgaben bewältigen können.

Sachunterricht und andere Fächer

Auch beim Sachunterricht und den weiteren Fächern gelten die jeweiligen schuleigenen Regelungen.
Manche Lehrerinnen schreiben nach jedem Sachkundethema eine Lernkontrolle, um eine Verständniskontrolle zu haben. Andere schreiben lediglich zwei Leistungskontrollen pro Schuljahr.
Ebenso unterschiedlich wird mit Lernkontrollen im Musik- und Kunstunterricht verfahren, da auch hier häufig keine allgemeinen Verordnungen dazu existieren.

Orientierungsarbeiten

Seit 2011 werden an Grundschulen sogenannte Orientierungsarbeiten durchgeführt, die einen länderübergreifenden Leistungsvergleich an Grundschulen ermöglichen sollen. Diese Arbeiten dienen als reines Diagnoseinstrument und werden auch nicht benotet.
Die Schulen erhalten die Arbeitsinhalte per Datenübertragung. Eltern und Schüler müssen fristgerecht über den Termin der Arbeiten informiert sein, die Lehrkräfte erhalten entsprechende Anweisungen zur Durchführung und Korrektur. Die Orientierungsarbeiten werden in der dritten Klasse in den Fächern Mathematik und Deutsch geschrieben und orientieren sich an den festgelegten Bildungsstandards der Kulturministerkonferenz (KMK).

Ihr Umgang mit Arbeiten

- Lassen Sie die schriftlichen Arbeiten – auch Übungsarbeiten – grundsätzlich von den Eltern unterschreiben, Sie wissen damit, dass die Eltern über den Leistungsstand ihres Kindes informiert sind. Ein Notenspiegel unter der Arbeit zeigt, wie der Schüler im Klassenverband abgeschnitten hat. Ich halte ihn für sinnvoll, da er Transparenz beweist und informativ für die Eltern ist. Auch hier gibt es keine Einheitlichkeit an den Schulen, an manchen ist er ein Muss, an anderen ein Kann.
- Ein Problem bei Mathearbeiten ist die Einfachheit des Abschreibens beim Nachbarn. Dies ist zwar auch bei Diktaten und anderen Lernkontrollen möglich, aber gerade in Mathe besonders leicht, da ein Blick auf eine Zahl genügt. Es gibt in Mathematik zwei Möglichkeiten, dies zu verhindern: Zum einen können Sie zwei Arbeiten konzipieren, Gruppe A und Gruppe B. Zum anderen können Sie die Nummerierung unterschiedlich listen, sodass die Aufgaben an unterschiedlichen Stellen stehen. Die erste Variante erfordert Mehrarbeit und lässt Sie im Ungewissen, ob die Arbeit für alle auch gleich schwer/leicht ist und ob nicht eine Gruppe benachteiligt/bevorteilt wird.
- Eine weitere Maßnahme, die durchaus umstritten, aber für mich sehr praktikabel und einfach war, ist die Ranzen bei Lernkontrollen zwischen die Schüler auf die Tische stellen zu lassen. Jeder Schüler versteht, wenn man als Lehrerin sagt, man wolle wissen, was der Einzelne wirklich kann, um ihm bei Schwächen zu helfen. Stellen Sie sich dabei allerdings auf Gegenwind von den Eltern und Kolleginnen ein.

- Ob Leistungskontrolle, Übungsarbeit oder Klassenarbeit – das Wichtigste ist, dass Sie den Schülern die Angst vor einer Arbeit nehmen und vermitteln, dass es darum geht, den Leistungsstand zu erfahren, um bei Lücken und Schwächen an einer Verbesserung zu arbeiten.
- Konzentrieren Sie sich bei der Recherche auf das Bundesland, in dem Sie arbeiten und nehmen Sie die verschiedenen Kommentare von Elternforen etc. als Hintergrundwissen mit auf, aber nicht als verpflichtend. Letztlich ist das Konzept Ihrer Schule maßgebend und verbindlich.

7.2 Korrekturen

Das Wort „Korrekturen“ gehört zum Umfeld Schule wie der Fisch zum Wasser oder die Sonne an den Himmel. Schüler der Primarstufe lernen den Begriff in seiner spezifischen Schulbedeutung zum ersten Mal in der zweiten Klasse kennen und besetzen ihn von dort an meist negativ. Das muss nicht sein.

Sie können die Schüler an Korrekturen gewöhnen, sodass sie als Hilfe und nicht als Bedrohung betrachtet werden.

Korrigieren heißt „verbessern“, das Wort „korrekt“ bedeutet „richtig“. Eine Korrektur ist dazu da, etwas Falsches richtigzustellen. Die Farbe Rot muss keine Angstfarbe sein.

Vielmehr soll sie Fehler sichtbar machen, damit sie beim nächsten Mal vermieden werden. Das gelingt natürlich längst nicht immer, es soll aber als Ziel angestrebt werden.

Viel Rot in einem Text oder einer Mathearbeit sollte von Schülern nicht gleichgesetzt werden mit „Schimpfe“ oder „Strafe“ – das gilt auch für Eltern. Sprechen Sie mit den Eltern darüber.

Bei allem guten Willen, den Schülern notwendige Korrekturen als hilfreich und unterstützend zu vermitteln, so wird es immer Schüler geben, bei denen viel Rot auf den Seiten zu sehen ist, und andere, bei denen wenig Farbe zu entdecken ist.

Der Unterschied in der Reaktion hängt auch davon ab, ob eine Note unter den Korrekturen steht oder nicht.

Fehler erkennen und verbessern

- Beginnen Sie direkt bei den eingeführten Buchstaben und Ziffern. Verbessern Sie falsche Schwünge, Drehungen und die Linienführung, indem Sie die richtige Schreibweise im Heft vormachen und anschließend dem Schüler zur Einübung die Hand führen. Das macht sicherer und motiviert.
- Bei den ersten Wortübungen: Verbessern Sie die falsch geschriebenen Wörter und schreiben Sie die fehlenden hin. Nehmen Sie dazu ruhig einen roten Stift. Er soll auf Verbesserungen hinweisen, um daraus zu lernen und das nächste Mal die Fehler zu vermeiden.
- Schreiben Sie lobende Worte unter die Arbeit, sobald sie akzeptabel ist. Für manche Kinder sind „nur vier Fehler“ schon eine gute Leistung – ein „Weiter so!“ motiviert, ein „Das hast du gut gemacht!“ motiviert noch stärker.
- Sparen Sie nicht mit Stickern! Halten Sie für jeden Schüler einen Sticker bereit. So machen Sie jeden Schüler stolz und bereiten ihm eine Freude. Ich habe manchmal die Sticker selbst gewählt, häufig aber auch verschiedene Motive zur Auswahl auf meinen Schreibtisch gelegt und die Schüler gefragt, welchen sie möchten. (Autos, Tiere, Fußbälle, Blumen – alles kommt an und Ihnen wird schon das Aussuchen im Geschäft selbst Spaß machen.)

- Korrekturen ohne Rotstift: Korrigieren ist eine Grundtätigkeit als Lehrerin. Sie korrigieren Verhalten, Arbeitsweise, Ausdrucksform, Sprache, Rechenoperationen, Heftführung, Hausaufgaben.
- Sie ermahnen, fordern auf, erklären und überarbeiten, um bei Schülern bessere Leistungen zu erzielen. Tun Sie dies mit Empathie und vermitteln Sie das Gefühl, den Schülern helfen zu wollen und sie bei ihrer Entwicklung zu unterstützen.

Korrekturen im Sport-, Musik- und Kunstunterricht

In diesen Fächern zeigen sich Begabungen und Fähigkeiten, die nur bedingt zu fördern sind. Auch wenn Grundschulkinder im Laufe ihrer Grundschulzeit besser malen, turnen, springen, laufen, werfen, singen, tanzen und musizieren können, sind Ihnen in der Förderung der Talente der Kinder Grenzen gesetzt. Talent, Interesse und Begabung spielen in diesen Fächern eine weitaus größere Rolle als in kulturtechnischen Fähigkeiten wie Schreiben und Lesen, die bei konstantem Üben verbesserungsfähig sind.
Dieses Wissen sollte Sie aber nicht davon abhalten zu motivieren, anzuregen, freundlich zu korrigieren, Mut zu machen und zu loben. Mit positiver Unterstützung erreichen Sie bei Grundschülern viel. Das Schöne ist, dass die Kinder ihre Freude über Gelungenes, Erreichtes zeigen und Sie sich mitfreuen können.

7.3 Notengebung

Zum einen, weil es objektive und subjektive Aspekte miteinander mischt und Sie als Lehrkraft pädagogische Verantwortung in der Leistungsbewertung Ihrer Schüler tragen.
Zum anderen, weil die Unterschiedlichkeiten in der Handhabung, in welchen Klassen ab wann welche Benotungsform gilt, eine einheitliche Darstellung an dieser Stelle unmöglich macht.

☑ Tipp

Recherchieren Sie im Internet, wie die Notengebung in Ihrem Bundesland angelegt ist. Entscheidend bleibt allerdings Ihre Schule und die Handhabung dort. Informieren Sie sich an Ort und Stelle, wie die Notengebung praktiziert wird.

Wenn Sie sich durch die Länderverordnungen klicken, werden Sie sehen, wie unterschiedlich und länderabhängig die Definitionen für Leistungsnachweise und die Beurteilungskriterien von Leistungsbereichen und Kompetenzen sind.
Durch die länderspezifischen Einschulungsmodalitäten (Eingangsklassen, Zusammenlegung erster und zweiter Schuljahre, größere Durchlässigkeit) kommen weitere Varianten von Leistungsbeurteilungen hinzu.
Aufgrund der vielen variierenden Beurteilungsformen verzichte ich auf die Beschreibung formaler Unterscheidungen und beschränke mich auf praktische pädagogische Überlegungen und Erfahrungen.
Notengebung hat immer auch mit subjektiver Wertung und Beurteilungsfähigkeit zu tun. Die Frage nach Objektivität ist kaum positiv zu beantworten, sie sollte aber in jedem Fall angestrebt werden. Das wiederum ist ein individueller Prozess.
Mit einer Beurteilung – sei es in Textform, sei es durch eine Ziffer – werten Sie ein Verhalten oder eine Leistung und erzeugen damit Reaktionen und Folgen. Anfangs fällt Notengebung bzw. Beurteilung schwer. Ihr Gerechtigkeitsgefühl ist angesprochen, wirkt mit und löst Unsicherheit aus. Orientieren Sie sich an der verbalen Definition einer Note, um Einordnungsschwierigkeiten einzudämmen.
Mit größerer Erfahrung wird eine Beurteilung nicht einfacher, aber Entscheidungen fallen Ihnen leichter, weil Vergleichsmöglichkeiten Sie in Ihren Beurteilungen sicherer machen. Die Absolutheit einer Note weicht dann einem Erfahrungswert. Letzten Endes müssen Sie dennoch alleine entscheiden, welche Note unter der Arbeit bzw. in dem Zeugnis steht.
Meines Erachtens ist dies einer der großen Verantwortungsbereiche im Lehrerberuf, weil Weichen gestellt und gerade im Grundschulalter Schullaufbahnen beeinflusst werden.

Ich persönlich bin eine Befürworterin der Verbalbeurteilungen, vor allem in den beiden ersten Schuljahren. Kinder mit sechs Jahren können noch keine Einschätzung ihrer Leistung in Zahlenform verstehen. Sie lernen die Zahlen- und Mengenerfassung ja erst. Für sie ist eine Eins nicht das, was eine Eins für ältere Schüler oder ihre Eltern ist.
In der Grundschule baut sich mit der geistigen Entwicklung des Kindes auch langsam das Notenverständnis auf. Wenn eine Note mit einem Plus oder Minus präzisiert wird, kann es sein, dass die Kinder im zweiten Schuljahr noch fragen, was denn besser sei, eine 2+ oder eine 2–.
Machen Sie sich den kognitiven Entwicklungsstand der Schüler bewusst und erklären ihnen in solchen Situationen den Unterschied zwischen Plus und Minus.

☑ Tipp

Führen Sie in den beiden Anfangsjahren mit den Schülern mehrere Gespräche zu Beurteilung und Noten, sodass ihnen nicht nur die Wertigkeit der Noten deutlich, sondern auch der emotionale Umgang damit erleichtert wird.

Dass es im ersten Schuljahr überwiegend keine Benotung gibt und erst am Ende des Schuljahres eine Beurteilung in Textform erstellt werden soll, ermöglicht Ihnen eine differenziertere Leistungsbeschreibung und ein genaueres Eingehen auf individuelle Stärken und Schwächen. Für die Eltern bedeutet die ausführliche Darlegung des Entwicklungsstandes ihres Kindes auch eine Hilfe, wenn eine besondere Unterstützung und Förderung notwendig werden.
Unterschiedlich gehandhabt wird auch die Beurteilung des Sozial- und des Arbeitsverhaltens, die sogenannten „Kopfnoten". Manche Länder behalten die verbale Textform, manche führen ab dem dritten Schuljahr die Notengebung ein.
Leider ist die föderalistische Vielfalt in diesen Bereichen nicht nur für die Lehrerinnen völlig kontraproduktiv, sondern trifft auch viele Familien und Kinder hart. Gerade bei der heutigen Mobilität und Flexibilität im Berufsleben, die häufige Wohnortveränderungen mit sich bringen, wäre eine Homogenisierung der Schullandschaft (nicht nur bei der Notengebung, sondern auch

bei Schulformtypen, Lehrerausbildung etc.) eine große Hilfe und Erleichterung für Schüler, Lehrerinnen und Eltern.

7.3.1 Verbale Leistungsbeurteilung

Wenn ich Ihnen hier verschiedene Beispiele für die verbale Leistungsbewertung einfüge – verzweifeln Sie nicht! Die Formulierungshilfen lichten sich, wenn Sie die Kinder im Unterricht erleben und beobachten.
Je mehr Erfahrung Sie in der Schulpraxis haben, umso ruhiger werden Sie die Menge der Beurteilungsmöglichkeiten lesen und etwas damit anfangen können.
Ich hatte immer das zu beurteilende Kind vor Augen und gerade bei Arbeits- und Sozialverhalten kommen dann schneller als man denkt typische Situationen ins Gedächtnis, die eine Beurteilung erleichtern. Im Laufe des Schuljahres wird sich ein Gesamtbild des einzelnen Kindes wie aus Puzzleteilen zusammenfügen, das Sie zu einer Bewertung befähigt.

Um Ihnen die Spannbreite der Formulierungsmöglichkeiten aufzuzeigen, möchte ich hier ein paar Beispiele anführen. Eine ausführliche Darstellung der Formulierungen finden Sie auf der Homepage des Staatsinstituts für Schulqualität und Bildungsforschung München unter den Stichworten „Formulierungshilfen zu den Grundschul-Zeugnissen".
Sicherlich werden auch an Ihrer Schule Formulierungsbausteine existieren, die Sie verwenden können. An den folgenden Textbausteinen werden die Abstufungsmöglichkeiten deutlich, die Sie sich im Anwendungsfall gut überlegen sollten.
Die Formulierungshilfen für Sozialverhalten variieren zwischen (sehr) guten Bewertungen:
... trat im Umgang mit Klassenkameraden selbstsicher und partnerschaftlich auf.
... entwickelte zur Konfliktlösung konstruktive Ideen.
... ließ sich stets von vernünftigen Argumenten überzeugen.

über durchschnittliche Werte im Sozialverhalten:
... zeigte meist Verantwortungsbewusstsein im Umgang mit Mitschülern.
... entwickelte zur Konfliktlösung hin und wieder eigene Ideen.
... suchte die Schuld fälschlicherweise oft bei anderen.
... konnte anderen nach Streitigkeiten selten verzeihen.

bis hin zu schwachen Bewertungen im Sozialverhalten:
... stellte die eigene Meinung immer in den Mittelpunkt.
... löste Konflikte gewaltsam.
... beharrte stur auf seiner Meinung und entschuldigte sich nie.
... suchte die Schuld stets bei anderen.

Abschließend möchte ich Ihnen noch ein paar Formulierungsbeispiele für das Lern- und Arbeitsverhalten Ihrer Schüler mitgeben. Die Formulierungen variieren von sehr guten Bewertungen:
... war stets für alle neuen Lerninhalte zu begeistern.
... beteiligte sich einsatzfreudig und ausdauernd am Unterrichtsgespräch.
... bereicherte den Unterricht durch umfangreiches Wissen und zahlreiche Ideen.
... überzeugte durch umfangreiches Vorwissen.

über durchschnittliche Werte im Lern- und Arbeitsverhalten:
... überzeugte in manchen Fächern durch Vorwissen.
... stellte sich neuen Lernaufgaben.
... folgte dem Unterricht teilweise konzentriert und aufmerksam.
... meldete sich zögernd und gab nicht immer richtige Antworten.

bis hin zu schwachen Bewertungen im Lern- und Arbeitsverhalten:
... war meist abgelenkt und unaufmerksam.
... zeigte geringes Interesse am Unterricht.
... arbeitete nicht konzentriert mit und lenkte andere von der Arbeit ab.

7.3.2 Noten in den Fächern

Mathematik

Die Benotung von Mathematikarbeiten erfolgt in der Regel nach einem Punktesystem. Sind die Punkte den Aufgaben zugeordnet, ergibt sich die Note aus der Punktzahl. Schwierig kann die Bemessung der Punktezahl sein, sie liegt im Ermessen der Lehrkraft, entspricht aber Erfahrungswerten (z. B. für Sachaufgaben drei Punkte, wenn die Frage selbst gestellt werden muss, und manchmal auch vier Punkte, wenn verschiedene Rechenoperationen erforderlich sind).

Holen Sie sich zu Anfang Hilfe und Tipps von Kolleginnen. Gerade wenn es um den Umfang einer Arbeit geht, können Sie von den Erfahrungen der Kolleginnen profitieren. Setzen Sie die Sachaufgaben an den Schluss einer Lernkontrolle.

Die Schüler benötigen sehr unterschiedliche Bearbeitungszeiten, die einzuplanen sind. Geben Sie Ihren Schülern den Tipp, die schweren Aufgaben zum Schluss zu rechnen, damit sie nicht unnötig Zeit verlieren, die ihnen für die einfachen Aufgaben fehlen könnte.

Wenn langsam arbeitende Schüler die Aufgaben nicht vollständig bewältigen und deshalb Punktabzug erhalten, werden nicht nur die Schüler dies bedauern, sondern auch Sie.

Deutsch

Intensive Überlegungen und manchmal auch Kopfzerbrechen verursacht die Deutschnote. Unter ein Diktat ist die Note leichter geschrieben, da man bei längeren, schweren Diktaten auch mal die Fehlerzahl bei den einzelnen Noten erhöhen kann.

Schwieriger ist die Beurteilung selbst geschriebener Geschichten, Berichte und Nacherzählungen.

Stil, Formulierungen, Originalität und Spannungsaufbau – viele Kriterien sollen in einem einzigen Notenwert zusammengefasst werden, das erfordert Beurteilungsvermögen und Erfahrung. Ich habe mir häufig eine zweite Kolleginnenmeinung eingeholt, wenn ich zwischen zwei Noten geschwankt habe. Beachten Sie auch die unterschiedlichen Schreibtypen – die einen schreiben bildreich und ausschweifend, die anderen prägnant und sachlich. Beides kann treffend und interessant zu lesen sein und mit „sehr gut“ benotet werden.

Die Deutschnote im Zeugnis ist eine zusammengesetzte Note, denn nicht selten divergiert die Rechtschreibleistung mit der übrigen Deutschleistung. Bringen Sie dies in einem schriftlichen Zusatz unter „Bemerkungen“ zum Ausdruck.

Das gilt auch für die Aussetzung der Rechtschreibnote bei Legasthenikern. Die Definition von Legasthenie hat sich im Laufe meines Schuldienstes mehrfach geändert; Sie sollten sich daher die aktuelle Definition aneignen und bei Verdacht die entsprechenden Tests machen lassen, um eine Notenbefreiung für die betroffenen Kinder zu erhalten.

Es entlastet die Schüler ungemein, wenn die permanente Fünf nicht mehr zu sehen ist. Die Schüler wissen dennoch sehr genau, wie es um ihre Rechtschreibung steht. Die große Herausforderung ist es, die Schüler motiviert zu halten. Ich habe vereinzelt Schüler auf einer Vier belassen, um eine Leistungssteigerung bei ihnen zu erreichen. Viele geben sich sonst mit dem Stempel der Legasthenie auf und sind motivationslos in der Rechtschreibleistung.

Kunst, Sport und Musik

Als Kunstlehrerin liegt mir dieser Hinweis sehr am Herzen:
Benoten Sie im Kunstunterricht keine Bilder und keine anderen Kunstobjekte der Schüler! Die Kinder geben immer ihr Bestes und sind stolz auf ihre Kunstwerke. Das sollten Sie fördern und unterstützen.
Wenn Kinder eine geringe Begabung im künstlerischen Bereich aufweisen und häufig eine schlechte Note unter ihrem Kunstwerk steht, sind sie demotiviert und traurig. Sie würden auch gerne „toll" malen, können es aber nicht, auch wenn sie sich Mühe geben.

Deshalb setze ich unter Bilder und Objekte prinzipiell keine Noten. Vielmehr lobe ich Kinder für ihre Arbeit. Ich versuche, sie anzuspornen, zu motivieren und sage auch schon mal „gut", wenn das Bild nur mittelmäßig ist. Da Kinder ihre Arbeit durchaus vergleichen können und mit sich selbstkritisch und hart ins Gericht gehen, wenn sie das gelungenere Bild des Nachbarn sehen, bestärken Sie die Individualität in der Arbeit. Zu einem einfachen, wenig naturgetreu gemalten Baum sagte ich z. B. „Das ist ein Henrik-Baum" oder „Das ist eben ein Maria-Hund", wenn Maria den Hund wenig hundeähnlich gemalt hatte. Im Zeugnis muss natürlich eine Note stehen. Diese überrascht die Schüler auch selten, da sie sich selbst ganz gut einschätzen können. Der Frust ist aber kleiner, wenn sie nur zweimal im Jahr eine Note lesen, als wenn diese Note unter jedem Bild stünde.

So ähnlich ist es im Sport- und im Musikunterricht.
Beides sind Fächer, in denen Begabungen notengebend sind und die den Schülern großen Spaß machen, wenn sie nicht permanent mit ihren potenziellen Defiziten in diesen Fächern konfrontiert werden. Ein übergewichtiger und dazu ungeschickter Schüler wird keine Motivation im Sportunterricht finden, wenn nicht von Ihnen mit pädagogischem Feingefühl eine Situation ge-

schaffen wird, in der er trotzdem mit Freude am Sportunterricht teilnehmen kann. Auch hier wäre es im Sinne der Schüler, wenn die Note lediglich auf dem Zeugnis zu sehen ist.
Im Musikunterricht zeichnen rhythmisches Taktgefühl, eine gute Stimme und/oder eine Instrumentenbeherrschung gute Schüler aus, die zu Recht mit guten Noten honoriert werden. Unmusikalischen Schülern, die aber motiviert am Unterricht teilnehmen, sollte der Musikunterricht dennoch nicht mit Fünfen verleidet werden. Ich habe in musischen Fächern unbegabten Schülern nur sehr selten eine schlechtere Note als „befriedigend" erteilt. Talent und Interesse bedingen sich meist gegenseitig.

Fehler – Schrift – Note

Standen in früheren Jahren noch „Fehler – Schrift – Note" unter den Deutscharbeiten, so wurde die Beurteilung der Schrift nun weitgehend abgeschafft. Meiner Meinung nach ist die Schrift eher ein Hinweis auf den Charakter eines Menschen als ein Aspekt, der in einer Note ausgedrückt werden kann. Ich persönlich zähle die Handschrift der Kategorie „Ordnung" zu. Jedenfalls tut es den Schülern gut, wenn sie sich ausschließlich auf die Inhalte ihrer Klassenarbeiten konzentrieren können.
Andererseits ist es sehr sinnvoll, von Zeit zu Zeit Unterrichtsphasen einzuplanen, in denen betont auf eine gute Schrift geachtet wird. Stellen Sie Schönschreibaufgaben losgelöst von inhaltlichen Aufgaben, sodass sich die Kinder ganz bewusst auf ihre Handschrift konzentrieren können.
Sie werden sich in Zukunft sicherlich mit einem Dauerthema der Bildungsdiskussion auseinandersetzen, ob das Erlernen einer Schreibschrift überhaupt noch sinnvoll ist. Für mich persönlich ist diese Infragestellung einer errungenen Kulturtechnik nicht nachvollziehbar und völlig unverständlich. Schreibschrift spricht mehr im Gehirn eines Menschen an als eine Basaltechnik, auf die zu verzichten wäre.

Zeugnisse

Sie werden Kinder in Ihrer Klasse haben, die sich auf die Zeugnisse freuen, da sie dafür eine Belohnung von ihren Eltern erwarten und stolz auf ihre guten Noten sind. Sie werden aber auch Kinder in Ihrer Klasse haben, die traurig, böse oder ängstlich mit dem Zeugnis nach Hause gehen werden, da es nicht so gut ist wie gehofft oder von den Eltern erwartet.

Manche Kolleginnen beschränken sich bewusst auf die Zahlen von Eins bis Sechs als Noten, weil eine Zahl schneller geschrieben ist und weniger Arbeit macht. Meiner Meinung nach ist diese Einstellung unpädagogisch.
Vor allem im Sozial- und Arbeitsverhalten gibt es Differenzierungen, die unter „Bemerkungen" erwähnt werden sollten, um eine präzisere Beurteilung geben zu können und eine Leistung oder ein Verhalten positiv oder kritisch hervorzuheben. Wenn ein Schüler

- sehr hilfsbereit gegenüber anderen Mitschülern und Lehrerinnen ist,
- auffallend fleißig ist und
- sich durch Engagement in bestimmten Situationen auszeichnet oder
- auffallend still ist,
- kaum mitarbeitet und
- eine starke Konzentrationsschwäche hat,

ist es sinnvoll, dieses Verhalten unter „Bemerkungen" zu schreiben, da die Gesamtnoten auf dem Zeugnis nicht aussagekräftig genug sind, um diese Aspekte mitzutransportieren.

Bemerkungen zu den Fächern

Zu der Deutschnote ist die Aussetzung der Rechtschreibnote oder die große Divergenz zu den übrigen Deutschleistungen zu bemerken, aber auch gutes Theaterspielen und gut betontes Gedichtaufsagen sollten gesondert erwähnt werden.
Zu der Mathematiknote wird nach der Diagnose der Dyskalkulie (ein heikles Thema, da eine voreilige Diagnose ebenso wie bei der Legasthenie zu mangelnder Motivation und Leistungsverweigerung führen kann) der Wegfall der Benotung vermerkt.
Im Sportunterricht zeigen Schüler häufig unterschiedliche Leistungen, weil sie bewegungsstark oder sehr geschickt oder rhythmisch talentiert sind. Auch dies sollte erwähnt werden im Sinne einer genauen Beurteilung.
In den musischen Fächern sind auffallende Fähigkeiten und Begabungen, die aus der Gesamtleistung herausstechen, einer Erwähnung wert, da sie Kinder und Eltern stolz machen.

Ein Schlusssatz zu den Noten

Sagen Sie Ihren Schülern, dass auch ein „befriedigend" noch keine schlechte Note ist. Gute und sehr gute Schüler sind in ihrem, oft auch von den Eltern geförderten Ehrgeiz, häufig in einem Konkurrenzdenken, das keinem guttut.

Mittelmäßige Schüler können meist nicht mithalten und stehen unter starkem Druck. Sie können als Lehrerin Einfluss nehmen und regulativ wirken.

Ingos lustlose Geschichte

Ingo war ein sehr guter Schüler. Er hatte ein gutes Sachwissen und Sprachvermögen sowie eine eigene Meinung zu den Dingen. Im dritten Schuljahr schrieben wir eine Klassenarbeit zum Thema „Mein schönster Traum".

Als ich die Geschichte von Ingo korrigieren wollte, stand dort als erster Satz: „Ich habe keine Lust auf das Thema." Ingo hatte darunter eine Geschichte zu einem völlig anderen Thema geschrieben, allerdings sprachlich und inhaltlich eine glatte Eins. Nach guter Überlegung und Absprache mit den Eltern ließ ich die Arbeit unbenotet und bat Ingo, eine neue Geschichte zu dem von mir gestellten Thema zu schreiben. Er tat es. Den berühmten Satz „Thema verfehlt" wollte ich einem Drittklässler nicht antun.

8 Besondere Tage, Stunden und Minuten

Während der vierjährigen Grundschulzeit gibt es viele besondere Stunden, Tage und Minuten, die die Schüler lieben und die ihnen in Erinnerung bleiben werden. Am Ende dieses Kapitels werde ich ein paar meiner persönlichen Highlights aufführen, zunächst soll es aber um die Klassiker der Primarstufe gehen.

8.1 Einschulungsfeier

Die Einschulung ist der Beginn eines prägenden Lebensabschnitts. Die Erwartungen am ersten Schultag sind groß: Spannung, Neugierde, Freude und manchmal auch Angst sind auf den Gesichtern der Kinder zu lesen.
Die Einschulungsfeier ist oft ein festlicher Akt, der nach einem bewährten Plan verläuft: Ansprache der Schulleitung, Musikumrahmung und die Aufführung eines kleinen Theaterstücks von älteren Schülern.
Wenn Sie als Klassenlehrerin die Theateraufführung eingeübt haben, ist der Tag auch für Sie und Ihre Klasse aufregend.
Wenn Sie eine erste Klasse übernehmen, werden Sie unter den Kindern sitzen und ebenso aufgeregt sein wie sie, denn nach der Einschulungsfeier müssen Sie „Ihre erste Stunde" halten.
An unserer Schule war es Usus, dass sich die Erstklässler nach den Feierlichkeiten in ihrer Klasse versammelten, während die Eltern von der Schulleitung oder einer Kollegin wichtige Informationen (Rechtsregeln, Versicherungshinweise, Schulweg etc.) erhielten.
Für die Stunde mit Ihrer neuen Klasse sollten Sie sich einen Einstieg ins Schulleben überlegen, bei dem alle Kinder eingebunden sind, der sie aber vom Anspruch nicht überfordert und zeitlich den Motivationsgrad berücksichtigt.

Die erste Stunde mit der neuen Klasse

Basteln Sie eine große, bunte Schultüte, mit der Sie sich vor die Klasse stellen. Nach der Begrüßung „zaubern" Sie alle möglichen Dinge aus der Tüte:

- Ziehen Sie als Erstes das Klassenmaskottchen (ein Stofftier, eine Puppe, eine Handfigur) aus der Schultüte. Stellen Sie das Maskottchen den Schülern vor und erzählen sie ein wenig darüber.

- Lassen Sie das Klassenmaskottchen nun die von Ihnen vorbereiteten Namensschilder aus der Schultüte ziehen. Lesen Sie die Namen einen nach dem anderen vor. Sobald der Name eines Kindes vorgelesen wird, kommt dieses zu Ihnen nach vorne und holt sein Namensschild ab.
- Lassen Sie das Klassenmaskottchen große, bunte Kreide aus der Tüte ziehen. Stellen Sie die Frage: „Wer kann schon seinen Namen schreiben?" Die Kinder, die sich melden, dürfen nacheinander an die Tafel treten und ihren Namen schreiben. Die Kinder, die noch nicht schreiben können, dürfen etwas an die Tafel malen. Dadurch öffnen sich die Kinder für ihren Raum, werden locker im Umgang, können motorisch aktiv sein und lernen die Schultafel als wichtiges Medium kennen.

Nach diesem motivierenden Einstieg verabschieden Sie Ihre fröhlichen Erstklässler mit einem „So, wir hören jetzt für heute auf. Tschüss und bis morgen!".

8.2 Adventszeit

Zu dieser wunderbaren Zeit zunächst eine Anmerkung, die mir als Deutschlehrerin besonders am Herzen liegt: Manche Kinder schreiben das Wort „Advent" ebenso wie das Wort „Weihnachten" bis ins vierte Schuljahr noch falsch. Wenn Ihnen das ebenso wenig gefällt wie mir, legen Sie ab der ersten Klasse Ihr Bemühen darauf, dass diese Worte orthografisch korrekt geschrieben werden. Wichtig ist, dass sie im Unterricht immer wieder vorkommen und im Kontext geschrieben werden müssen.
Die Adventszeit ist in der Grundschule eine jahreszeitliche Phase, in der Sie den Schülern vielfältige Kompetenzen mit vielseitigen Inhalten vermitteln können. Advents- bzw. Weihnachtsthemen sind ein guter Nährboden für Kreativität und Fantasie. Initiieren Sie zauberhafte Schreibanlässe: selbst Gedichte schreiben, Gedichte vortragen, Geschichten schreiben, Briefe an Eltern und den Weihnachtsmann schreiben ebenso wie Einladungen und Wunschzettel gestalten. Diese Aktionen lassen sich sinnvoll mit praktischen Aktionen kombinieren, wie Weihnachtssterne und Adventskalender zu basteln, das Schmücken des Klassenraumes, handwerkliche Geschenke herzustellen bis hin zum Plätzchenbacken oder zur Zubereitung von Bratäpfeln.

Nutzen Sie die Adventszeit, um die Fähigkeiten und Begabungen der Schüler zu fördern, die in normalen Schulphasen leider häufig zu kurz kommen, wie Texte zu schreiben und vorzutragen, Theater zu spielen, schöne Dinge zu basteln, zu singen, zu musizieren und Musik zu hören.

Adventsfeier

Meiner Meinung nach ist es sinnvoller, eine Adventsfeier als eine Weihnachtsfeier auszurichten: der dafür zur Verfügung stehende Zeitraum ist größer und weniger eng an die Weihnachtsferien gelegt. In der Adventszeit haben Kinder und Eltern meist mehr zeitlichen Spielraum, zudem sind die inhaltlichen Angebote, der Klassenschmuck und die Aufführmöglichkeiten themenübergreifender. Die Adventszeit schließt die Nikolauszeit mit ein, das Plätzchenbacken ist in der Vorweihnachtszeit sinnvoller und gebastelter Klassenschmuck ziert längere Zeit den Klassenraum.

Auch der Wirkungszeitraum und die Aufarbeitung einer Adventsfeier sind effektiver als bei einer Weihnachtsfeier, nach der die Schule abrupt endet. Die Schüler sind in einer Erwartungshaltung, aber weniger angespannt und aufgeregt und auch noch nicht vom ständigen Weihnachtsthema genervt.

Ihrer eigenen Kreativität und Fantasie sind ebenso wenig Grenzen gesetzt wie die der Kinder:

- Studieren Sie mit Ihren Schülern ein kleines Theaterstück oder einen Weihnachtssketch ein.
- Lassen Sie die Kinder einen Tanz aufführen, weihnachtliche Lieder singen oder ein Instrumentalstück (gerne auch auf selbst hergestellten Instrumenten) vortragen.
- Lassen Sie die Kinder (eigene) Geschichten und/oder Gedichte vortragen.
- Backen Sie gemeinsam Weihnachtsplätzchen.

Vielfältige Anregungen für Adventsfeiern finden Sie im Internet und in Publikationen vieler Verlage.

Linktipp

Ob Unterrichtsmaterial für die Adventszeit, Einheiten auf Englisch oder weitere Bastelanregungen: Der Deutsche Bildungsserver bietet eine bunte Auswahl zu dem Thema „Advent und Weihnachten“ unter: www.bildungsserver.de/Advent-und-Weihnachten-9936.html.

Sie werden feststellen, wie die Klasse bei solchen Anlässen zusammenwächst und ein soziales Miteinander entwickelt. Den Stolz und die Freude der Schüler zu erleben, wenn sie vor ihren Eltern ihr Können zeigen und selbst hergestellte Dinge präsentieren, ist nach der anstrengenden Vorbereitungsphase auch für Sie ein positiver Lehrermoment.

8.3 Klassenfeier

Klassenfeiern sind nicht nur eine besondere Phase des sozialen Miteinanders und eine wichtige Form des Kontaktes mit den Eltern, sie sind auch eine gute Möglichkeit, vielfältige Kompetenzen und Fähigkeiten der Schüler zu fördern und zur Geltung zu bringen.

Klassenfeiern mit Eltern als Publikum bieten ein gutes Forum, um Kinder freies Sprechen und Vortragen selbstverständlich werden zu lassen. Ich habe im Laufe der Jahre ein Klassenfeierkonzept für die vier Grundschuljahre entwickelt, das sich als praktikabel bewährt hat:

- Gestalten Sie im ersten Schuljahr eine Adventsfeier (Beschreibung siehe oben). Viele Eltern sind froh, wenn die Feierlichkeiten in der Weihnachtszeit zeitlich etwas entwirrt sind, gerade wenn sie mehrere Kinder haben.
- Da die Adventsfeier häufig das erste Treffen der Kinder und Eltern nach der Einschulung ist, lassen Sie sich etwas einfallen, um eventuelle Schüchternheiten und Hemmungen abzubauen. Schreiben Sie für jedes Kind einen Schülerreim mit besonderen Charakteristika über das Kind. Jeder Schüler stellt sich selbst mithilfe dieses Textes allen vor. So werden alle vertrauter miteinander, lernen sich besser kennen und die Kinder lernen früh das freie Sprechen.

Lustige Verse über die Kinder machen Spaß und bauen Ängste ab:

Beispiele

Dania

Ich heiße Dania – und wisst ihr was?
Ich kann schon gut rechnen
und es macht mir auch Spaß.

Sebastian

Mein Name ist Sebastian
und weil ich gut aufpassen kann,
nimmt mich Frau H. auch gerne dran.

Jessica

Ich bin Jessica, ich lese schon gut
und wenn es jeden Tag besser wird,
macht mir das Mut.

Tobias

Ich bin Tobias und mache gern Spaß.
Nur wenn ich nicht drankomme,
dann ärgert mich das.

- Laden Sie im zweiten Schuljahr die Eltern zu einer Herbstfeier ein.
  Der Herbst bringt andere inhaltliche Schwerpunkte mit, durch die sich unterschiedliche Themen ergeben: Erntezeit, Blätterzeit (Herbstlaub), Wind und Sturm. Viele Ideen mit Bezug zur Jahreszeit lassen sich in ein Herbstprogramm für die Feier einbauen.
  Schließen Sie an die Herbstfeier eine Nachtwanderung mit den Eltern an (spannend mit Taschenlampen). Danach verabschieden sich die Eltern und sie übernachten mit Ihrer Klasse im Klassenraum. Die Kinder kennen sich nach einem Jahr gut, sind vom Alter her schon etwas selbstständiger und können in der Regel ohne Mama und Papa einschlafen. Die Kinder bringen Schlafsäcke, Spiele und Bücher für den Abend mit. Bevor sie einschlafen, dürfen sie ihre eigens für die gemeinsame Nacht geschriebenen Gute-Nacht-Geschichten vorlesen.
  Sollten Sie Lust auf ein solches Herbstprogramm haben, wird sich Ihr Engagement für das Klassenklima und den Zusammenhalt in der Klasse lohnen. Ausreichend Schlaf dürfen Sie in dieser Nacht allerdings nicht erwarten.
- Feiern Sie im dritten Schuljahr mit Ihrer Klasse ein Sommerfest.
  Oder unternehmen Sie gemeinsam mit den Eltern eine Fahrradtour. Solche Aktionen intensivieren auch den Kontakt der Eltern untereinander.

Wenn ein kleiner Bach in der Nähe des Schulortes ist, können Sie im Sachunterricht mit den Schülern Boote bauen und sie mit den Eltern gemeinsam schwimmen lassen.
Ein nettes Zusammensein mit den Eltern gestaltet sich auch, wenn Sie Fotos von der zuvor erlebten Klassenfahrt schauen. Die Kinder können dazu kleine, selbst erstellte Referate über die Ereignisse der Klassenfahrt halten. Am besten verteilen Sie die Themen an kleine Gruppen, sodass jeder Schüler etwas von der Klassenfahrt erzählen kann.

- Im vierten Schuljahr passt es gut, wenn Sie zum Abschluss der Grundschulzeit ein Abschiedsfest mit Kindern und Eltern feiern.
  Je nach Lage der Schule bietet es sich dazu an, mit den Schülern auf dem Schulgelände zu zelten. Richten Sie nach Möglichkeit eine Feuerstelle ein, rösten Sie Stockbrot oder grillen Sie Würstchen. Aktivieren Sie alle, indem Sie eine Schatzsuche ausrufen oder Schulhofspiele anbieten.

Literaturtipp

Mit Vivaldis Musik aus den „Vier Jahreszeiten“ studierte ich mit den Kindern eine Pantomime ein, die das ganze Jahr über passend ist: Rosenkranz-Hirschhäuser, Sylvia (2006): Die vier Jahreszeiten. Pantomime mit Kindern. In: Grundschulunterricht, Nr. 53, S. 33–35

Umberto spielt Trompete

Umberto war ein kleiner, italienischer Schüler und spielte unglaublich gut Trompete. So gut, dass alle gebannt zuhörten, wann immer er spielte.
Die Musiklehrerin baute in jede der Musikaufführungen in der Schule ein Trompetenstück für Umberto ein. Das hörte sich nicht nur gut an, sondern sah auch lustig aus: Umberto war so klein, dass seine Trompete fast genauso groß war wie er. Die Töne klangen aber weit über beide hinaus.

8.4 Exkursionen und Unterrichtsgänge

Ausflüge und Unterrichtsgänge sind gerade für Grundschüler von großer Bedeutung, da sie durch Anschauung und praktisches Erleben lernen und sie in diesem Alter zudem viel Bewegung und Abwechslung im Unterricht brauchen.

Wenn Sie Exkursionen unternehmen, bitten Sie einzelne Eltern, als Begleitung mitzukommen. Sie können Ihre Klasse dann in Kleingruppen einteilen und führen die „Oberaufsicht“, die Ihnen mehr Freiraum für Organisatorisches verschafft.

Einige thematische Anregungen zu Ausflügen, die ich alle selbst mit meiner Klasse durchgeführt habe:

- Fahrradtouren
- Einkaufen im Supermarkt
- Waldbesuch mit einem Förster
- Besuche von verschiedenen Handwerksbetrieben (Schreinerei, Bäckerei, Glasbläser etc.)
- Besuch einer Zeitungsredaktion
- Besuch einer Stadtbücherei
- Besuch einer Zahnarztpraxis
- Besuch einer Apotheke
- Besuch einer Apfelkelterei
- Besuch einer Gärtnerei
- Besuch eines Bauernhofs
- Besuch einer Mülldeponie
- Besuch einer Gerichtsverhandlung
- Besuch eines Theaters
- Bachlauf durchwaten
- „Mathestrecken“ ablaufen: Die Schüler laufen einen Kilometer von der Schule weg, indem sie ihre Schritte (= Meter) zählen. Ziel ist dabei, Größenverhältnisse kennenzulernen.
- Ausflug zu einem Spielplatz

8.5 Klassenfahrt

Klassenfahrten erfordern Ihren vollen Einsatz, unter Umständen sind Sie gar 24 Stunden am Tag gefragt. Für die Schüler hingegen kann die Klassenfahrt zu einer der schönsten Erinnerungen an die Grundschulzeit werden.
Mir schien die pädagogisch sinnvollste Zeit für eine Klassenfahrt gegen Ende des dritten Schuljahres. Drei Gründe sprechen meines Erachtens dafür:

1. Als soziale Vertiefungs- und Bindungsgelegenheit können die Schüler von den „Ergebnissen“ ein weiteres Schuljahr profitieren.

2. Eine Auswertung der Fahrt kann detaillierter und ausführlicher durchgeführt werden als gegen Ende des vierten Schuljahres, wenn die Klassenfahrt als Abschlussfahrt betrachtet wird.

3. Die Schüler sind im dritten Schuljahr noch weniger pubertär und so offener und natürlicher im Umgang. Zudem sind sie selbstständiger und von ihren Eltern „gelöster“ als in den ersten beiden Schuljahren, sodass sie in der Regel auch ohne Mama und Papa gut klarkommen.

Die Auswahl des Zielortes traf ich nach Entfernungskriterien. Kinder dieses Alters möchten schnell ankommen, sie sind ungeduldig. Deshalb mochte ich ihnen keine stundenlange Fahrt zumuten und habe eine Jugendherberge ca. 35 km entfernt von der Schule ausgesucht, die ideal in einem Wald und an einem Bach gelegen war.

Meist bieten die Jugendherbergen ein gut ausgearbeitetes Programm an, wie z. B. Nachtwanderungen, Naturerforschungen und Freizeitspiele im Gelände. Zwei bis drei Nächte sind meiner Meinung nach eine angemessene Reisedauer, da die permanente psychisch-physische Anstrengung bei Grundschulkindern an Grenzen stößt ebenso wie das Bestreben, die Kleider-, Rucksack- und Zimmerordnung aufrechtzuerhalten.

☑ Tipp

Bereiten Sie die Tage der Klassenfahrt inhaltlich gut vor, um Beschäftigung anbieten zu können. Besprechen Sie schon vorher, dass verschiedene Spiele, Bücher oder vielleicht sogar Bastelsachen mitgenommen werden.

Eine schöne Beschäftigung für zwischendurch ist das Kartenschreiben an die Eltern. Nicht nur, dass eine Karte die Eltern erfreuen wird, so lernen die Kinder bei dieser Gelegenheit auch noch, eine Adresse und einen Absender zu schreiben, eine Briefmarke aufzukleben und das eigentliche Einwerfen nicht zu vergessen.

Auch das Einbinden der Klassenfahrt in den Unterricht vorher und nachher können Sie pädagogisch und didaktisch nutzen.
Im Sachunterricht können Sie die geografische Lage, das Kartenverständnis und die Straßenführung als Lernziele definieren. Im Kunstunterricht wird eine Landschaft aus Pappmaschee und Plakafarben zusammen erarbeitet. Die Schüler lernen so die Route, die Landschaft und umgebenden Städte kennen sowie Höhen- und Tiefenverhältnisse richtig einzuschätzen. Hier ist auch der Einsatz des PCs und „Google Maps“ sinnvoll.

Im Anschluss an die Klassenfahrt können Sie die Erlebnisse in Form von Referaten, die im Unterricht oder auf einer Klassenfeier vorgetragen werden, aufarbeiten. Ein schöne Erinnerung ist zudem eine Zeitung oder ein Buch über die Klassenfahrt, die mit Fotos und Schülertexten befüllt werden.

Angefügt finden Sie weitere, allgemeine Hinweise und eine praktische Checkliste zu Klassenfahrten, die meine Kollegen vom Sekundarstufenband zusammengestellt haben:

Checkliste: Klassenfahrten

Bei allen außerunterrichtlichen Veranstaltungen ist es wichtig, dass die Lehrkraft ihrer Aufsichtspflicht nachkommt. Bei gemischten Klassen ist es ratsam, insbesondere bei Klassenfahrten mit Übernachtungen, dass das Team aus einer weiblichen und einer männlichen Lehrkraft besteht. Die verantwortliche Lehrkraft muss rechtzeitig ihre außerunterrichtliche Veranstaltung bei der Schulleitung anmelden, nicht erst 14 Tage vorher. Ebenso muss sie ihre Kolleginnen informieren, damit diese auch ihre Vorbereitungen treffen können. Hier ist eine Checkliste mit allen Dingen, an die Sie außerdem denken müssen (bitte Reihenfolge beachten!):

- ☐ Einladung zum Elternabend
- ☐ Erstinformation der Eltern
- ☐ Zustimmung der Eltern
- ☐ Zahlungsaufforderung
- ☐ abschließende Elterninformationen mit allen Einzelheiten
- ☐ Schülerliste mit Angabe zum Eingang der Zahlung
- ☐ Einverständniserklärungen der Eltern z. B. bezüglich Konsequenzen von Regelverletzungen, die eine Beteiligung der Eltern erfordern (Schüler nach Hause schicken)
- ☐ Maßnahmen zur Aufsichtspflicht
- ☐ Packliste für Eltern und Schüler
- ☐ letzte Vorbereitung – Packliste für Lehrerin
- ☐ wichtige Angaben zum Schüler (Krankheiten, Allergien, Nichtschwimmer etc.)
- ☐ Sicherheitsempfehlungen z. B. Umgang mit Wertsachen

- ☐ Kostenübernahme bei finanziell benachteiligten Familien
- ☐ abschließende Abrechnung der Schulfahrt
- ☐ Kostenaufstellung zur Vorlage beim Finanzamt
- ☐ Haftungsausschluss – Verwaltungsvorschrift für außerunterrichtliche Veranstaltungen (Unterschrift von Eltern und Schülern)

Hinweis

Es ist wichtig, dass bei allen außerunterrichtlichen Veranstaltungen (auch bei sehr kurzfristigen Veranstaltungen, weil es sich gerade besonders anbietet) die Schulleitung informiert wird, damit Sie als Lehrkraft und Ihre Schüler versichert sind.

Linktipps

Information zur Vorbereitung für Klassenfahrten gibt es beim Verband Deutscher Schullandheime e. V. Hamburg: www.schullandheim.de.

Jan ganz anders

Jan war ein ganz cooler Junge. Er war der Sportlichste und der Mutigste, er war schlagfertig, manchmal frech und ein bisschen vorlaut, ein Anführertyp. Auf unserer Klassenfahrt lernte ich Jan anders kennen. Wir unternahmen eine Nachtwanderung und starteten abends mit Taschenlampen ins Walddickicht der Nacht. Jan, vor Beginn der Wanderung noch laut mit klugen Sprüchen, wurde im Dunkel still und stiller, verstummte und fasste als Erster meine Hand. Bis zum Ende unserer Nachtwanderung ließ er sie nicht mehr los.

8.6 Klassensprecherwahl

Die Klassensprecherwahl hat in der Grundschule eine andere Bedeutung als in den höheren Klassen, dennoch ist sie wichtig und sollte einen Beitrag zum Demokratieverständnis leisten. Meinungsfindung, Meinungsbildung, Entscheidungsfindung, Mehrheitsakzeptanz, Wahlprozedere – all dies sind Prozesse, die Grundschülern zu vermitteln sind.

Der Zeitpunkt einer Klassensprecherwahl ist in der Grundschule nicht festgelegt und obliegt der Klassenlehrerin. Entsprechend unterschiedlich wird die Wahl gehandhabt.

Ich habe ab dem dritten Schuljahr wählen lassen und jeweils nach einem halben Jahr wieder, damit möglichst mehrere Schüler gewählt werden und sich „beweisen" konnten.

Es ist nicht einfach, eine angemessene Anzahl von Kandidaten aufzunehmen, da fast alle gewählt werden möchten und sich manche selbst, ihren besten Freund oder ihre beste Freundin vorschlagen. Ein Gespräch, das im Vorfeld über Aufgaben und Verhaltensweisen des Klassensprechers und seines Stellvertreters aufklärt, ist besonders wichtig. Ebenso wichtig finde ich, die Analogie zu den politischen Wahlen aufzuzeigen. Auch die Thematisierung der geheimen Wahl sowie die Begründung dahinter können durchaus implizite Lernziele bei einer Klassensprecherwahl in einem dritten Schuljahr sein.

8.7 Vertretungsstunden

Vertretungsstunden können eine Herausforderung sein. Die Schüler sind häufig unbekannt, ihr Leistungsstand nicht einzuschätzen und die Zeit zur Unterrichtsvorbereitung fehlt meist. Deshalb ist ein Repertoire an Unterrichtsmaterial für Vertretungsstunden in Ihrem Fach gut deponiert. Besser ist es, Sie finden auf dem Lehrertisch in der Klasse Angaben, was Sie mit den Schülern tun sollen. Wenn Sie selbst wissen, dass Sie mehrere Tage fehlen werden, bereiten Sie einen Wochenplan vor, den Ihre Klasse mit den Vertretungslehrerinnen bearbeiten kann. Das ist für alle eine Aufgabe, die problemlos erledigt werden kann und bei der die Schüler kontinuierlich beschäftigt sind. Vermeiden Sie freie Arbeit oder das Erledigen der Hausaufgaben, denn dann entsteht schnell der Vorwurf, die Schüler hätten einen „Lernstillstand“ durch das Fehlen der Klassen- bzw. Fachlehrerin.

8.8 Besondere Minuten

Für ein paar besondere Momente habe ich hier Anregungen zusammengetragen, die Spaß machen, Unterricht abwechslungsreich gestalten und gleichzeitig motivierend sind:

- Zaubern

Eine einfache Sache, die Sie vor allem im ersten Schuljahr immer wieder mit Erfolg einsetzen können, ist das „Zaubern“: Die Kinder werden häufig zu Ihnen kommen und beichten, dass sie etwas vergessen haben, Heft, Mäppchen oder Buch. Manchmal haben die Kinder Tränen in den Augen und sind völlig aufgelöst. Antworten Sie dann beruhigend: „Ich gucke mal, ob ich zaubern kann“ und durchsuchen Sie den Ranzen der Kinder nach dem Vermissten. Meist befinden sich die Dinge doch im Ranzen und die Schüler haben nur noch nicht richtig nachgeschaut. Mit einem schwungvollen „Hokuspokus, ich habe dein Heft/Mäppchen/Buch gefunden, ich kann zaubern“ legen Sie das Gesuchte auf den Tisch. Die Schüler strahlen.

- Briefe an kranke Mitschüler

Lassen Sie Ihre Schüler Briefe an kranke Mitschüler schreiben und schicken Sie sie gesammelt zu den Kranken. So schaffen Sie zum einen einen motivierenden Schreibanlass und zum anderen machen Sie den kranken Kindern eine Freude.

- Schweigeminute

Bis ins dritte Schuljahr begehen die Schüler gerne eine Schweigeminute. Die Frage, wer am längsten und konsequentesten schweigen kann, weckt großen Ehrgeiz bei den Schülern. Sie sind ernsthaft bemüht und wollen sich übertreffen. Dabei sitzen sie stumm auf ihrem Platz oder verkneifen sich ein Grinsen oder Lachen. Am besten ist, wenn Sie ein Start- und Endezeichen geben. Als natürliches Ende hat sich das Klingelzeichen bewährt. Nutzen Sie also die letzten Minuten der Schulstunde für die Schweigeminute. Die Schüler gehen danach entspannt nach Hause.

- Träumen

Ähnlich motivierend und entspannend zugleich ist die Einladung zum Träumen mit meditativer Musik. Die Schüler dürfen sich ihren Platz selbst aussuchen (auf dem Boden, am Platz, in der Kuschelecke). Die Musik beginnt und die Schüler träumen, indem sie die Augen schließen und zur Ruhe kommen.

Für Sie als Lehrerin sind die unterschiedlichen Verhaltensweisen während des Träumens immer wieder interessant: Manche Schüler sind sehr unruhig und schaffen es kaum abzuschalten, andere schlafen richtig ein. Fragen Sie anschließend in die Ruhe: „Wer hat geträumt und wer möchte seinen Traum erzählen?“ Dieses Redeangebot sollte freiwillig bleiben.

- Freude- und Kummerkasten

Ab dem zweiten Schuljahr, wenn die Grundschulkinder kleine Sätze schreiben können, bietet es sich an, zwei Kästen nebeneinander aufzustellen: einen Freudekasten und einen Kummerkasten (angemalte Schuhkartons mit Schlitz). Die Schüler können, wann immer sie das Bedürfnis haben, ihre Freuden oder ihren Kummer auf einen Zettel schreiben und ihn entsprechend einwerfen. Einmal pro Woche wird der Kasten geleert, die Texte werden vorgelesen und besprochen. Auf diese Weise stärken sie den Klassenverband, lösen Probleme und stoßen klärende Gespräche an.

- Erzählen vom Wochenende

Halten Sie montags die erste Stunde für das Erzählen vom Wochenende bereit. Es muss nicht lange sein. Schränken Sie die Redezeit ein, indem Sie die Schüler ermutigen, etwas zu erzählen, die etwas Besonderes erlebt haben. Dies ist ein guter Moment, in dem freies Reden und aufmerksames Zuhören geübt werden. Grundschulschüler mögen diesen Einstieg in die Woche besonders.

- Zehnerübergang mit Eierkisten rechnen

Wenn im zweiten Schuljahr der Zahlenraum bis hundert vermittelt wird, ist Anschaulichkeit für die Mengenerfassung sehr wichtig. Sammeln Sie zehn 10-Eier-Packungen und füllen Sie diese mit Tischtennis- oder Golfbällen. Sie können dann Rechenoperationen konkret durch Auffüllen und Herausnehmen der Bälle von den Schülern selbstständig durchführen lassen. Volle Zehner und Einer sind für die Schüler anhand der Eierkisten gut zu erfassen.

- Das Schwungtuch

Setzen Sie das Schwungtuch in kleinen Pausen zwischendurch oder im Sportunterricht ein, um die Kinder motorisch zu entspannen. Lassen Sie im Tuch alle möglichen kleinen Stofftiere (oder Puppen) fliegen. Beim Schwingen fliegen die Tiere sehr hoch, manche fallen hinaus und werden dann mit viel Spaß von den Schülern wieder in das Tuch zurückgeworfen. Das Schwungtuch bringt alle wieder in Schwung.

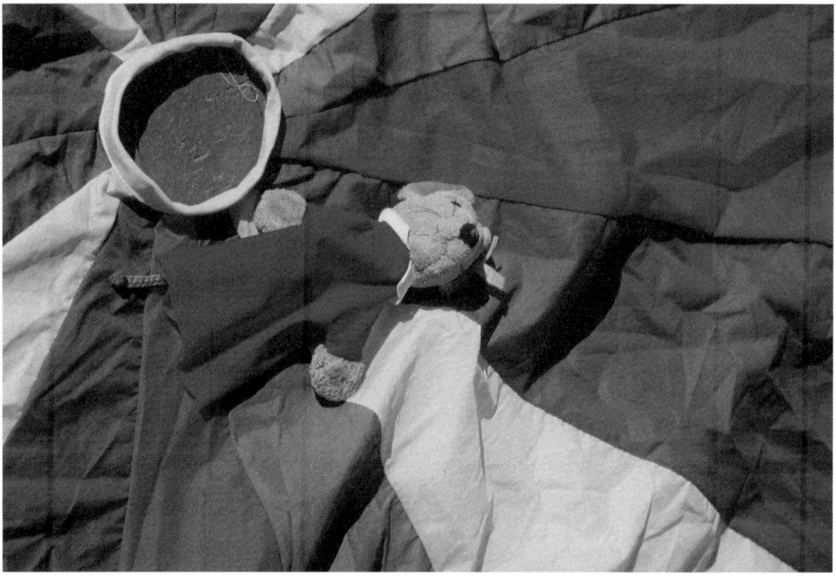

Nichtschwimmerin Sara schwimmt

Zu Beginn der ersten Stunde des Schwimmunterrichts sitzen meine Kollegin und ich am Nichtschwimmerbecken und beobachteten die Schüler, um ihre Schwimmleistung zu beurteilen und sie in Nichtschwimmer, Anfänger und Fortgeschrittene einzuteilen. Sara steigt die Treppen ins Wasser, stößt sich ab und macht einen Schwimmstoß. Mit diesem geht sie unter Wasser – und kommt nicht mehr hoch. Die Sekunde ist endlos lang. Gleichzeitig stürzen meine Kollegin und ich zu Sara und ziehen sie aus dem Wasser. Sie hustet etwas, dann sagt sie: „Ich dachte, ich kann schwimmen, aber es geht gar nicht.“ Am Ende des Schwimmkurses konnte Sara dann richtig schwimmen, ohne unterzugehen.

8.9 Highlights

Ich habe ein paar Unterrichtsstunden vor Augen, in denen mir die Motivation, das Interesse und die Freude der Schüler in so positiver Erinnerung geblieben sind, dass ich sie unter den Highlights aufführen möchte, um sie zur Nachahmung zu empfehlen. Geordnet habe ich sie chronologisch aufsteigend – vom ersten bis zum vierten Schuljahr.

- Klassenpflanzen betreuen: Ziehen Sie im Sachunterricht aus Ablegern (geeignet sind Grünlilie oder Buntnessel) in einem Wasserglas kleine Pflänzchen und beobachten Sie diese. Anschließend werden die Pflanzen in Tontöpfe gesetzt, die zuvor von den Kindern mit Plakafarben fantasievoll angemalt wurden. Stellen Sie die Töpfe auf die Fensterbank in der Klasse, sodass jedes Kind seine eigene Pflanze betreuen kann. Beim Schulabgang als Viertklässler können sie ihre Pflanzen dann als Erinnerung mitnehmen. (Klasse 1/2)
- Haustiere in die Schule mitbringen: An einem Schulmorgen dürfen die Kinder ihre Tiere mitbringen. Besprechen Sie zuvor im Unterricht, welche Tiere mitgebracht werden dürfen. Laden Sie die Eltern zur Unterstützung mit ein. (Klasse 2)

- Boote bauen: Bauen Sie aus Recyclingstoffen (Milchtüten, Fischdosen, Plastikschalen), Holz oder einfach aus gefaltetem Papier Boote – der Fantasie sind keine Grenzen gesetzt. Boote üben einen großen Reiz auf Kinder aus. Sie können diese noch mit Fähnchen, Segeln, Sitzen und Personen ausstatten und dann zu Wasser lassen. Dazu eignen sich auch Wasserpfützen auf dem Schulgelände. Ein Spaziergang zum nahegelegenen Bach oder einem flachen Tümpel erhöht den Spaß der Bootsbauer. (Klasse 2/3)
- Im Sachunterricht sind Tierthemen beliebt und vielfältig zu besetzen: Schnecken können in Kästen beobachtet werden, Larven in einem Terrarium gehalten und beim Schlüpfen beobachtet werden (Seidenspinnerlarven sind leicht zu finden), Kaulquappen können in ihrer Entwicklung in einem Aquarium, dann in einem Terrarium beobachtet werden. (Klasse 3/4)
- Klassenraumgardinen bemalen: Finden Sie Eltern, die freiwillig aus Naturleinen Gardinen nähen können, die dann mit Textilfarben von den Kindern mit ausgewählten Motiven bemalt werden. (Klasse 3/4)
- Gemeinsam tanzen: Viele (nicht alle) Grundschüler tanzen gerne. Wenn Sie mit den Kindern kleine Tänze einstudieren, die die Klasse auf einer Klassenfeier oder einem Schulfest aufführt, erreichen Sie mehrerlei Ziele: motorische und rhythmische Auflockerung, Bewegungsförderung und musikalische Entwicklung, Stärkung des Selbstbewusstseins im öffentlichen Auftreten, Freude am Zusammenspiel miteinander und Stolz gegenüber den Eltern. (Klasse 1–4)
- Sie können sich selbst einfache Schritte zu einem bekannten Rock- oder Popsong ausdenken, im dritten und vierten Schuljahr können das manche Schüler auch selbst sehr gut oder Sie suchen sich eine Choreografie aus dem Internet. Für manche Schüler ist es sehr heilsam, das anfängliche Schamgefühl zu überwinden und sich zu trauen. In meiner Klasse war der absolute Favorit unter den Popsongs und -tänzen „La camisa negra“ von Juanes. (Klasse 1–4)

9 Übergangsphase zu weiterführenden Schulen

Der Übergang zur weiterführenden Schule ist ein Thema, das alle Grundschüler und ihre Eltern angeht und das gerade in den letzten Jahren an Problematik zugenommen hat.
Werfen wir zunächst einen kurzen Blick auf die aktuelle Bildungssituation. Waren in den späten Sechzigerjahren in Deutschland knapp 10 Prozent eines Jahrgangs Abiturienten, sind es heute über 40 Prozent, Tendenz steigend. Das klingt zunächst positiv, bedeutet es doch mehr Aufstiegschancen und damit mehr Chancengleichheit in unserer Gesellschaft. Andererseits sind die Menschen nicht klüger geworden. In die Höhe schießende Abiturzahlen können gesellschaftliche Fehlentwicklungen bedingen, da es dadurch an Wertschätzung und Akzeptanz für praktische und handwerkliche Arbeit mangelt.
Ich erwähne den Zusammenhang, weil er sich bereits in der Grundschule offenbart und Sie als Lehrerin davon betroffen sein werden.
In den vier oder sechs Jahren, die Sie die Grundschüler begleiten, sehen Sie ihre Talente, Begabungen, Fähigkeiten und Fertigkeiten jeden Tag ein Stück weiter wachsen. Sie lernen die Stärken und Schwächen Ihrer Schüler kennen und entwickeln geeignete Fördermaßnahmen dafür.
Meiner Erfahrung nach haben gute Lehrerinnen ein gutes Auge dafür, wenn sie den weiteren Werdegang ihrer Schüler beurteilen sollen.
Am Ende des vierten oder sechsten Schuljahres geben Sie als Klassen- oder Fachlehrerin eine Grundschulempfehlung für jedes Kind ab, in der seine Lern- und Leistungsentwicklung, sein Lern- und Arbeitsverhalten sowie seine Lernpotenziale beurteilt werden.

Durch das föderalistische Bildungssystem werden in den einzelnen Bundesländern unterschiedliche Konzepte beim Übergang in die weiterführende Schule praktiziert. Im Internet können Sie das Prozedere der einzelnen Länder nachlesen.

Linktipps

- Viele praktische Tipps für den Übergang finden Sie hier: Sander, Manon: Tschüss Grundschule! Tipps für den Übergang in die weiterführende Schule unter: www.bildungsxperten.net/bildungschannels/schule/tschuss-grundschule-tipps-fur-den-ubergang-in-die-weiterfuhrende-schule/
- Eine spannende Zusammenstellung von Theorie und Praxis liefert das Bundesministerium für Bildung und Forschung mit einem seitenstarken Bildungsbericht unter: www.bmbf.de/pub/bildungsforschung_band_vierunddreissig.pdf

Zudem existieren in den Bundesländern unterschiedliche Schultypen unter unterschiedlichen Namen, die leider häufig zusätzlich für Verwirrung sorgen: Förderschulen, Hauptschulen, Gemeinschaftsschulen, Realschulen, additive Gesamtschulen, integrative Gesamtschulen, Stadtteilschulen, Sekundarschulen und die Gymnasien.

Einen Weg für Sie zu beschreiben, bei dem Sie das Gefühl haben, gut zu beraten und sinnvolle Hilfe bei der Wahl der weiterführenden Schule geben zu können, ist mit einem allgemeinen Anspruch sehr schwer realisierbar.

In der Schule, in der Sie arbeiten, erfahren Sie die Möglichkeiten der Schulwahl sowie die jeweiligen konkreten Beurteilungs- und Empfehlungsschritte. Gemeinsam ist allen Bundesländern die Stärkung der Elternrechte. Die Aufhebung der Verbindlichkeit der Grundschulempfehlung stärkt die Rechte der Eltern bei der Wahl der weiterführenden Schulart. Die Eltern entscheiden in immer mehr Fällen, welche weiterführende Schule ihr Kind besuchen soll.
Neben den gemeinsamen Informationsveranstaltungen und Elternabenden von der Schule, in denen die potenziellen weiterführenden Schulen vorgestellt werden, können die Lehrkräfte Beratungsgespräche führen, in denen sie den Eltern den Leistungsstand des Kindes und die pädagogische Einschätzung als Lehrerin mitteilen.

Ich halte die Stärkung des Elternwillens in einigen Fällen für sehr problematisch, da falsch verstandener Ehrgeiz der Eltern und falsche Leistungseinschätzungen der Kolleginnen die Kinder häufig eine Schullaufbahn einschlagen lassen, die ihnen mehr schadet als hilft. Das kann zu Schulversagen, Schulfrust und Leistungsverweigerung führen und nicht zuletzt zu falschen und steinigen Berufswegen.
Sprechen Sie als Lehrerin eine Empfehlung für den weiteren Bildungsweg der Kinder aus. Letztlich entscheidet in den meisten Bundesländern ohnehin der Elternwille.
Für leistungsstarke Schüler, die mit sehr gutem und gutem Notendurchschnitt die Grundschule abschließen, werden sich Lehrerempfehlung und Elternwunsch meist decken und den Schülern steht der Besuch des Gymnasiums offen. Schwieriger wird es, wenn Eltern bei mittelmäßiger bis schlechter Schulleistung dennoch auf den Besuch des Gymnasiums beharren.
Wenn bereits während der Grundschulzeit Nachhilfestunden erforderlich sind, um einen hinreichend guten Notendurchschnitt zu erreichen, halte ich eine Gymnasialempfehlung für unangemessen.
Der gesellschaftliche Trend propagiert die gymnasiale Schullaufbahn, da vermeintlich nur das Abitur den Kindern eine erfolgreiche Berufswahl und damit gute Berufsaussichten ermögliche. Diese Einstellung resultiert häufig aus der persönlichen Schulerfahrung der Eltern, denen ein höherer Bildungsabschluss verwehrt blieb. Leider werden dadurch oft die Fähigkeiten und Fertigkeiten der Schüler verkannt, unterschätzt und falsch bewertet.

Ein Grundschüler mit Durchschnittsnoten, aber einer außerordentlichen praktisch-technischen Begabung, der auf seinem späteren Weg einen guten Realschulabschluss erlangt, kann als Handwerker oder Techniker sehr zufrieden in seinem Beruf arbeiten, während er mit einem erzwungenen und häufig auch misslungenen Studium sehr unglücklich werden könnte.
Sie haben Ihre Grundschüler in der Regel mehrere Jahre begleitet und kennen ihre Stärken und Schwächen. Darüber sollten Sie mit den Eltern rechtzeitig sprechen.

Tipps

- Versuchen Sie, die Eltern in persönlichen Elterngesprächen zu informieren, zu beraten und sanft zu lenken, sodass sie die Schulwahl entsprechend der Fähigkeiten und Leistungen ihres Kindes treffen können.
- Unterstützen Sie die Kinder und Eltern, indem Sie mit Empathie und Sachkenntnis versuchen, die weitere Schullaufbahn des Kindes mitzubeeinflussen.
- Beschreiben Sie den Eltern die Stärken und Schwächen ihres Kindes.
- Beschreiben Sie auch, was es bedeutet, wenn ein Kind permanent überfordert ist, den schulischen Ansprüchen nicht genügen kann und wie sich dies auf seine Gefühle auswirkt.
- Sagen Sie in Fällen, in denen Eltern ihr Kind zu einer schnellen finanziellen Unabhängigkeit bringen wollen, dass Intelligenz, Ehrgeiz und Interesse ihr Kind zu einem Besuch des Gymnasiums befähigen.
- Bereiten Sie Ihre Schüler schrittweise auf die Veränderungen vor: Möglicherweise wird sich der Schulweg verlängern, die Kinder kommen an eine größere Schule mit mehr Lehrerinnen und Lehrern, mehr Fächern und mehr Hausaufgaben.

Literaturtipp

Organisationshilfen, Praxismaterialien und Vorlagen für die Elternarbeiten finden Sie bei: Amrehn, Irma; Schmitt, Rudi (Hrsgg.) (2012): Übergänge Grundschule – weiterführende Schulen. Donauwörth: Auer Verlag

10 Praktische Unterrichtsvorschläge und Projektideen

Häufig sind es die kleinen, in den Unterricht eingebauten Sequenzen, die Aufmerksamkeit und Konzentration wecken und gleichzeitig im Gedächtnis der Kinder haften bleiben. Aber auch größere Projekte können zu echten Glanzstücken der Grundschulzeit werden und fördern häufig überfachliche Kompetenzen, die ebenso wertvoll und wichtig sind.
Im Folgenden möchte ich Ihnen deshalb praktische Anregungen für den Unterricht und für die Projektarbeit geben.

Wir lernen das Alphabet

- Bringen Sie zur Einführung des Buchstaben „x" einen Mixer mit und mixen Sie mit Ihren Schülern Bananen- oder Erdbeermilch. Genießen Sie gemeinsam die gesunde Erfrischung.
- Gehen Sie zur Einführung des Diphthongs „ei" mit Ihrer Klasse ein Eis essen oder bemalen Sie Eier in bunten Farben (passenderweise zu Ostern).
- Um die Buchstaben „d" und „t" phonetisch gut unterscheiden zu lernen, geben Sie jedem Schüler einen Wattebausch in die flache Hand. Die Schüler halten nun die Hand mit dem Wattebausch vor den Mund und sagen abwechselnd „d" oder „t". Bei „d" soll die Watte in der Hand liegen bleiben, bei „t" muss sie aus der Hand fliegen. Die Schüler können die Watte auch auf dem Tisch ablegen. Wenn die Watte bei „t" über den Schultisch wirbelt, freuen sich die Schüler.

Wir drehen einen Film

- Denken Sie sich gemeinsam mit Ihren Schülern eine Geschichte aus und gliedern Sie die Handlung in Kapitel. Jeder Schüler darf ein Kapitel (handschriftlich oder mit dem Computer) schreiben. Einigen Sie sich gemeinsam auf einen Titel für das Buch.

- Lassen Sie Ihre Schüler kleine Zeichnungen zu den einzelnen Kapiteln gestalten und stellen Sie im Kunstunterricht aus Pappmaschee einen Buchdeckel her, in dem die fertigen Seiten eingebunden werden.
- Verwenden Sie das Buch als Drehbuch und drehen Sie mit einem Camcorder oder Ihrem Handy den Film zum Buch. Hauptdarsteller sind möglichst alle Schüler Ihrer Klasse, evtl. andere Kolleginnen, Eltern oder der Hausmeister. Die Drehorte sind das Schulgelände, der Spielplatz, eine Schülerwohnung oder ein den Drehbuchszenen entsprechender Ort.
- Mit einem derart fächerübergreifenden Projekt sprechen Sie vielfältige Kompetenzen der Schüler an. Zudem lockern Sie mit dem Filmprojekt den Schulalltag auf und stärken ganz nebenbei den Teamgeist in der Klasse.

Literaturtipp

Ich habe ein Filmprojekt unter dem Namen „Wir erfinden ‚TIM'" mit meinen Schülern durchgeführt und anschließend veröffentlicht: Rosenkranz-Hirschhäuser, Sylvia (2001): Wir erfinden „TIM". Die Entstehungsgeschichte eines Buches.
In: Grundschulunterricht, 48.7–8, S. 30–32.

Wir schreiben und führen ein Schattentheater auf

- Dieses Projekt ist auch fächerübergreifend, da die Geschichte selbst geschrieben (Deutsch), die Figuren und das Theater gestaltet (Kunst) und die Aufführung inszeniert (Musik) werden. Es bietet sich an, das Schattentheater an die Sachunterrichtsthemen „Licht und Schatten“ oder „Tiere“ anzugliedern.
- Zudem fördern Sie die feinmotorische Geschicklichkeit und das Vorstellungsvermögen Ihrer Schüler mit einem Schattentheater.
- Sie brauchen dazu als Lichtquelle einen Overheadprojekter, der gleich helles Licht streut.
- Die Tiere fertigen die Schüler aus schwarzer Kartonage, sie werden auf einen kantigen, schmalen Stab geklebt.
- Die Schüler mögen es, wenn sie sich ihre Tiere selbst aussuchen dürfen. Außer den Tieren können Sie ein „Bühnenbild“ entwerfen mit Türmen, Bergen, Bäumen, Häusern etc. Je freier die Schüler zeichnen und ausschneiden dürfen, umso vielfältiger sind die Figuren.
- Lassen Sie das Schattentheater mit unterschiedlichen Klängen und Instrumenten untermalen. Wind kann gut dargestellt werden, indem durchsichtige Tücher direkt unter der Lichtquelle hin und her bewegt werden und die Kinder Windgeräusche beisteuern.

- Sie werden bei diesen kreativen Unterrichtssituationen die Besonderheit im Schülerverhalten spüren. Das Engagement der Kinder, ihre Motivation und das Gemeinschaftserleben belohnen Sie für die hohe Belastungsgrenze, an der Sie manchmal anstoßen werden während solcher Projekte.

Wir lesen, gestalten und interpretieren das Buch „Ben liebt Anna“

- Auch dieses Projekt vereint verschiedene Fächer in sich: Deutsch, Sachunterricht und Kunst ergeben ein tolles Projekt mit breiter Kompetenzförderung.
- Es ist sinnvoll, das Thema „Sexualerziehung“ im dritten Schuljahr zu behandeln, da die Schüler noch weniger pubertär und schambesetzt, aber offen und interessiert an dem Thema sind.
- Parallel zum Thema „Sexualerziehung“ bietet sich an, im Deutschunterricht die Lektüre „Ben liebt Anna“ von Peter Härtling – mittlerweile ein Schulklassiker – zu lesen.
- Während Sie das Buch gemeinsam lesen, Szenen besprechen und nachspielen, können Sie im Kunstunterricht mit den Schülern einen eigenen Umschlag für die Lektüre basteln.

- Auf die Rückseite des Buchumschlages können die Schüler im Deutschunterricht eigenständig verfasste Inhaltsangaben schreiben. Jeder Schüler darf schreiben, was er möchte; so werden alle Texte unterschiedlich. Wichtige Vorgabe ist, eine Kurzfassung zu liefern, die auf den Buchrücken passt.
- Gegen Ende der Beschäftigung mit dem Buch können Sie Ben und Anna als Puppen aus Pappmaschee zum Leben erwecken.
- Wenn die Schüler im Kunstunterricht Nähstiche an Filz und Stoff geübt haben, können Sie mit den Schülern auch Kleidung für die Puppen nähen. Schüler, denen das Stichesetzen schwerfällt, kleben die Kleidung an die Puppen. Haare werden aus Wollfäden geflochten und angeklebt oder als einfache Variante ungeflochten in unterschiedlicher Länge angeklebt.
- Vielleicht können Ihnen auch einige Eltern bei den Näharbeiten helfen. Sie werden mit den Schülern staunen, welch lustige Gestalten aus den Figuren erwachsen.
- Beim Schulfest können Sie mit Ihrer Klasse eine Ausstellung mit allen Bens und Annas und den selbst gestalteten Umschlägen auf die Beine stellen.

Wir basteln ein Landschaftsmodell aus Pappmaschee

- Sie können dieses Projekt in Ihren Sach- und Kunstunterricht als Vorbereitung auf eine Klassenfahrt einbauen, um anhand des Landschaftsmodells aus Pappmaschee geografische und kartografische Kenntnisse zu vermitteln.
- Unsere Klassenfahrt führte uns durch das hessische Mittelgebirge, über zwei kleine Flüsse, an einem größeren entlang, durch Täler und unterschiedlich hohes Taunusgelände. All diese Gegebenheiten wurden in dem Modell aus Pappmaschee abgebildet. Die Kinder gestalten aktiv einen geografischen Landschaftsraum mit den entsprechenden Höhendarstellungen sowie Entfernungsrelationen.
- Nehmen Sie eine Reliefkarte als Vorbild, da es einigen Kindern sonst schwerfällt, sich das Endprodukt vorzustellen.
- Aus Zeitungspapier werden „Berge“ unterschiedlicher Höhe geformt und mit angerührtem Tapetenkleister auf eine Kartonunterlage geklebt. Die Kinder können den Kleister ruhig mit den Händen aufbringen.

- Lassen Sie den Kindern bei der Anordnung der Berge fantasievolle Freiräume, da die Kinder nur begrenzt reale Kartenrelationen umsetzen können. Ein Erkennen einiger unterschiedlich hoher Berge reicht aus, die Farbgebung (grün, gelb, hell- bis dunkelbraun) weist zusätzlich Höhenmeter aus.
- Die verkleisterte Zeitungslandschaft muss einige Tage austrocknen. Anschließend malen die Schüler Städte mit roter, Flüsse mit blauer und Straßen mit schwarzer Plakafarbe auf und beschriften diese.

- Abschließend können die Schüler ihre Landschaft zum Leben erwecken: Sie bringen Häuser, Menschen (z. B. Playmobil), Tiere und Spielzeugautos von zu Hause mit, stellen sie nach Belieben auf und spielen mit ihnen.
- Die Schüler sind stolz auf ihre Gemeinschaftsarbeit, die Modelle können im Klassenzimmer auf dem Boden liegen und mit den mitgebrachten Gegenständen zum Spielen genutzt werden.

Wir bauen unsere Stadt / unser Dorf

- Dieses Projekt eignet sich fächerübergreifend im dritten oder vierten Schuljahr für die Fächer Deutsch, Sachunterricht, Kunst und Mathe.
- Geben Sie Ihren Schülern ein paar Wochen zuvor den Arbeitsauftrag, leere Schachteln und kleine Kartons zu sammeln und in die Schule mitzubringen. Aus diesen Kartons und Schachteln werden Hochhäuser, Geschäfte, ein Flughafen, ein Spielplatz etc. Je nach Themenschwerpunkt kann die Gestaltung auch auf Straßen oder anderen architektonischen Besonderheiten ausgedehnt werden. Der Fantasie sind keine Grenzen gesetzt.
- Zum Gestalten der Stadt / des Dorfes sollten Sie farbiges Papier, Tapetenreste, Geschenkpapier, feste Unterlagen und Stifte bereithalten.
- Lageanordnung und Aussehen der Objekte sollte von den Kindern untereinander diskutiert und geklärt werden.

- Im Sachunterricht können Sie die Unterrichtseinheit bei unterschiedlichen Themen einsetzen: Verkehrserziehung, geografisches Kartenverständnis, Kennenlernen des eigenen Ortes usw.

- Im Deutschunterricht können Sie Texte lesen lassen, die Dorf- oder Stadtszenen enthalten und gut zu der Karton-Stadt passen. Oder Sie greifen Szenen aus der Karton-Stadt auf und lassen Ihre Schüler dazu eigene Texte schreiben.
- Im Matheunterricht werden auch verschiedene Teilbereiche angesprochen: Größenverhältnisse anschaulich umsetzen, Längenmaße anwenden, Flächenverhältnisse kennen- und anwenden lernen, geometrische Figuren (Quadrat, Rechteck, Dreieck) kennen- und anwenden lernen.
- Zum Schluss können die Schüler mitgebrachte Tiere, Autos, Flugzeuge, Figuren in das Dorf bzw. in die Stadt integrieren und als Rollenspielfiguren für ihre Fantasiespiele verwenden.
- Als Zusatzaufgabe bietet sich auch die eigene Herstellung von Fahrzeugen, Tieren und Personen aus verschiedenen Materialien (z. B. Knete, Holz, Papier) an.

11 Nachwort

Drei Jahre nachdem ich die Schule als Lehrerin verlassen hatte, traf ich Lukas an einem Badesee.

Lukas war vier Jahre lang mein Schüler gewesen. Einer von etwa 1000 in meiner Zeit als Grundschullehrerin.

Lukas war mein erstes I-Kind. Ein Integrationsschüler, körperbehindert, Rollstuhl- und Rollatorfahrer, geistig topfit, ein Gymnasialkind. Als Unterstützung saß in meiner damaligen Klasse immer ein Zivildienstleistender bei Lukas, um ihm gegebenenfalls zu helfen.

Ich hatte Lukas seit seinem Wechsel auf das Gymnasium drei Jahre nicht gesehen. Wie war er gewachsen und wie hatte er sich intellektuell entwickelt! Vor ihm am Badestrand lag eine Ausgabe des „Spiegel" und seine Interessen seien Geschichte und Politik, erzählte er.

Das Gespräch mit Lukas hinterließ zwei starke Emotionen in mir: zum einen große Freude über Lukas' gutes Vorankommen auf dem Gymnasium und zum zweiten ein Gefühl der Wehmut, wenn ich an meine vergangenen nahezu dreißig Jahre als Grundschullehrerin dachte.

Welch schöne Zeiten gab es, welch lustige Situationen, welch erfolgreiche Kinderentwicklungen und wie viel Kinderfreude und Kinderstolz! Natürlich gab es auch ebenso traurige Momente, schwierige Gespräche, frustrierende Leistungen.

Doch gerade wenn diese Begebenheiten sich ins Gegenteil verkehrten, war die Freude besonders groß.

Lehrerinnen, insbesondere Grundschullehrerinnen, üben täglich nicht nur den Lehrberuf aus, sondern sind abwechselnd oder gleichzeitig Psychologin, Therapeutin, Seelsorgerin, Organisationstalent und betreiben Multitasking. Es geht darum, den Kindern nicht nur Wissen, kognitive Fähigkeiten und technische Fertigkeiten zu vermitteln, sondern diese Kinder auch zu ermutigen und zu trösten, Eltern aufzuklären und zu unterstützen, Kolleginnen zu beraten und zu vertreten.

Unendlich lang ist die Liste selbstverständlicher Tätigkeiten von Lehrerinnen, endlos die Liste geforderter kompetenter Verhaltensweisen, die Pädagoginnen zu leisten haben, um „gute" Lehrerinnen zu sein.

Die Begegnung mit Lukas erwähne ich, da sie auf etwas verweist, das über den Schulalltag und die Berufszeit hinaus trägt: das Gefühl, etwas Sinnvolles und Gutes geleistet zu haben.
Sie werden das Gefühl spätestens kennenlernen, wenn die Schüler die Grundschule am Ende des vierten (oder sechsten) Schuljahres verlassen und sich von Ihnen verabschieden.
Wenn die Grundschulzeit zu Ende geht, ist ein elementarer und wichtiger Lebensabschnitt vorüber.
Der Abschied fällt allen Beteiligten schwer, andererseits sind die Kinder bereit auf Neues. So mischen sich der Schmerz über den Abschied und die Freude auf den neuen Lebensabschnitt.
Sie werden in traurige Kinderaugen sehen, einen Händedruck spüren und ganz oft das Wort „Danke“ hören.

Ich möchte das Buch mit den Worten aus einer Schulreportage aus dem Spiegel Nr. 25/2014 mit dem Titel „We love Schule“ abschließen:
Bildungspolitik ist Ländersache und für Laien kaum zu fassen. Was Bremen eben einführt, schafft Bayern morgen ab, was in Hessen gilt, ist in Sachsen verboten. Die einfache Frage, was eine gute Schule ist, wird kaum gestellt. Dabei gibt es gute Antworten.

Verstehen Sie den letzten Hinweis als Aufforderung zum Lesen, zur Auseinandersetzung mit Ihrem Beruf, zur gleichzeitigen Hinterfragung und dem Bekennen dazu. Die gesellschaftliche Diskussion zum Thema „Schule“ wird niemals aufhören: Seien Sie ein aktiver und lebendiger Teil davon.